contents

가장 먼저 알아야 할
애견의 마음...2

서로 자립하여 기분 좋게
애견과 함께하는 삶의 규칙...6

지금보다 더 똑똑하게 키우기...11

일상생활에서 보내는 애견의 사인 30...31

일상의 행동 10...32
질병 암시 신호 20...38

이럴 땐 어떻게 하지?
비상시 냉정하게 대처하는 지식 25...45

여러 가지 문제 대처 15...46
예방과 케어 10...52

캐나다의 K9 Kinship 공인 트레이너 스자키 다이 씨가 알려주는
흔히 있는 난처한 행동 Q&A...57

가장 먼저 알아야 할
애견의 마음

개는 사람에게 있어 소중한 파트너!
단순한 애완동물을 넘어 가족의 일원으로서
함께 생활하는 반려견의 존재이다.
그런 애견들은 어떤 마음으로
우리와 함께 살아가고 있을까?

애견과 인간의 멋진 관계는 신뢰와 존중에서 비롯된다

애견과 주인의 상하관계는 거짓이었다?

개는 본래 무리 지어 살아가는 동물이다. 그러므로 무리의 질서를 위해 리더를 정하고, 그 서열에 따라 순종하는 성질이 있다. 개의 세계에서 리더는 힘의 상징이다. 개는 자신이 이기지 못하는 상대에게 복종한다. 그런데 인간인 주인은 어떠한가? 위풍당당하게 무리를 통솔하는 개에 비하면 상당히 결점이 많은 동물이다. 신체적으로도 26개의 꽉 물린 단단한 어금니를 가진 개에게는 도저히 이길 수가 없다.

그런데도 개는 주인과 함께 있다. 그것은 힘이 아니라, 개와 인간 사이에는 신뢰 관계가 존재하기 때문이다. 항상 함께 있고 이야기하고 산책을 하고 밥을 먹고 잠을 잔다. 그런 당연한 일상 속에서 개는 주인에게 신뢰를 보여주고 있다. 절대 인간이 무서워서 어쩔 수 없이 복종하고 있는 것이 아니다. 그런 증거로 때로는 반항하고, 난처한 행동을 하기도 한다. 그럼에도 그들은 말한다.

'당신을 아주 좋아합니다. 영원히 함께해요.'

스스로 생각하고 행동할 줄 아는 아이가 정말 똑똑한 것이다

주인에게 순종하는 개가 영리한 것은 아니다?

똑똑한 개는 주인을 잘 따르고 얌전하며 "손!" "앉아!" 하면 시키는 대로 곧잘 하는 개를 떠올린다. 분명 도시에 사는 사람이나 조용하게 살고 싶은 사람에게는 이상적이다. 하지만 경찰견으로서 키운다면 어떨까?

경찰견이나 사냥개는 용감하게 맞서서 대범하게 행동해야 한다. 반려견이라면 건강하고 활기찬 개가 바람직하다. 그러므로 똑똑한 개라는 것은 일률적으로 정의 내리기가 어렵다.

하지만, 개가 인간과 함께 사는 생활을 '즐기기 위해서 어떻게 하면 좋을까?'를 스스로 알게 된다면 그들은 더욱 똑똑해질 것이다. 그런 '똑똑한 개'로 키울 수 있는지, 그 여부는 견주의 사육법과 신뢰 관계에 달려 있는 것이다.

신뢰를 쌓기 위한 3대 원칙

1. 개가 스스로 생각할 수 있도록 키우자

개는 항상 재미있는 것을 찾는다. 교육할 때는 '이렇게 하면 즐거워진다' '이건 재미없으니까 안 하는 게 낫다'라는 것을 알 수 있도록 훈련시킨다.

2. 절대로 감정적으로 화내지 말자

감정이 앞서면 '오늘은 용서 못 하지만 내일은 OK!' 하는 등 혼내는 기준이 달라져 개가 혼란스러워한다. 화내는 것이 아니라, 냉정하게 잘못한 점을 야단쳐 알려준다.

3. 커뮤니케이션을 통해 관계성을 발전시키자

애견과 신뢰 관계를 쌓아 똑똑한 개로 키우는데 가장 중요한 것은 커뮤니케이션이다. 매일 얼굴을 마주하고, 말을 걸어주고 함께 해주자. 그것만으로도 개는 한층 더 똑똑해질 수 있다.

애견과 함

서로가 자립하여 기분 좋게

개도 나름의 사정이 있다! 있는 그대로 생활하자

★애견

코우메(파피용) 암컷 16살
키나코(프렌치 불독) 암컷 8살
덴지로(치와와) 수컷 8살

만남은? 세 마리 모두 보호시설에서 입양.
성격은? 코우메는 자기중심적인 얌전한 장녀,
키나코는 약간 참견이 심한 차녀,
덴지로는 애교 많은 막내.

처음 데려왔을 때의 모습. 폭신폭신한 쿠션이 처음이라 다소 경계하며 바닥에서 잤던 코우메였지만, 지금은 안심하고 어디서든 쿨쿨 잘 잔다.

산책을 좋아하는 장녀 코우메의 페이스에 맞춰 걷는다. 방에도 자유롭게 쉴 수 있는 공간을 만들었다.

스기모토 사이

여배우·작가·댄서·사업가·프로듀서로서 다양한 미디어에서 활동. 동물 애호 활동은 자신의 라이프워크이기도 하며 2014년 2월 '일반 사단법인 동물 환경·복지협회 Eva'를 설립, 2015년 공익법인으로 인정받았다.

공익재단법인
동물환경·복지협회 Eva

스기모토 씨가 이사장을 맡고 있으며, 사람과 동물이 행복하게 공생할 수 있는 사회를 목표로 하는 단체. 동물을 물건으로만 취급하는 열악한 펫 번식 환경이나, 계속해서 늘고 있는 유기견 등 일본의 동물 환경을 개선하여 복지 향상을 목표하는 계몽 활동과 연수, 동물애호활동 등을 실시하고 있다.

께하는 삶의 규칙

세 마리 중 막내로 가장 자유로운 장난꾸러기 덴지로. 자기보다 더 큰 인형을 가지고 노는 것을 좋아한다. 세 마리 모두 좋아하는 뼈다귀. 특히 키나코는 한번 물면 절대로 놓지 않는다고 한다.

고양이 8마리와 개 3마리의 대가족. 모두 사이가 좋아 한 쿠션에서 낮잠을 잔다.

좋아하는 것, 싫어하는 것이 무엇인지 잘 살핀다.

애견 3마리, 고양이 8마리와 살며 동물 애호 활동도 적극적으로 하고 있는 스기모토 사이 씨. 애견들은 모두 보호시설에서 데려온 아이들이다.

"세 마리 모두 동물보호시설에서 만났는데, 코우메는 사람을 따르지 않고 무관심하고 불안해하는 것 같았어요. 그런 모습에 마음이 끌렸습니다."

스기모토 씨 집에 처음 왔을 때, 쿠션도 사용하지 않고 바닥에서 자던 코우메①. '쿠션을 접한 적이 없어 무서웠나 봐요. 강요하지 않고 좋을 대로 내버려 두었는데 지금은 아주 좋아합니다'. 그 후 키나코, 덴지로②, 고양이 등 가족이 늘어 대가족이 된 이들 사이의 삶의 규칙은 무엇일까?

"흥미를 보이지 않으면 강요는 하지 않지만, 무엇을 좋아하고 싫어하는지 항상 유심히 살펴주죠. 예를 들어 식사는 직접 만들어주는데, 이 아이는 닭 다리를 좋아한다거나, 코우메는 산책을 좋아하지만 덴지로는 나가는 것을 싫어하는 등③, 모두 다른 환경에서 자라 다른 성향을 보입니다. 다 나름의 사정이 있으므로 그 점을 파악해 자유롭게 지내도록 해주고 싶어요."

초심자일수록 성격이 차분한 성견을 키우는 것이 좋다

스기모토 씨는 초심자일수록 성견을 키우는 것이 좋다고 말한다.

"어릴 때부터 키운다고 잘 따르는 것은 아니에요. 저는 3마리 모두 성견 때 데리고 왔습니다. 그때 코우메는 11살이었죠. 성견은 얌전해서 키우기가 상당히 쉽고, 성격파악도 쉬웠어요. 고양이와도 잘 어울리는 것은 성견이기 때문이라고 생각합니다④."

그리고 스기모토 씨가 동물과 생활할 때 특히 중요하다고 느낀 점은, 만약 나에게 무슨 일이 생겼을 때 반려견을 어떻게 할 것인가? 하는 것이다.

"주인이 죽고 더 이상 키울 사람이 없어 시설에 맡겨지는 아이들도 많습니다. 지금 애완동물을 키우고 계신 분들은 이런 부분까지 꼭 한번 생각해 보시길 바랍니다."

애정이 듬뿍 담긴 스기모토 사이 씨의 볶음밥 레시피!

닭고기 야채 볶음밥

● 재료
- 곱게 다진 닭다리살....35g
- 깨소금.....적당량
- 무, 당근, 양배추, 배추, 밥.....적당량
- 감자..... 5g
- 올리브유.....적당량

*분량은 견종이나 체중에 맞추어 가감.

● 만드는 방법
① 곱게 다진 닭다리살을 프라이팬에 볶는다.
② 닭다리살이 익으면 잘게 썬 당근을 넣어 볶다가 배추를 넣는다. (채소는 개의 크기에 맞추어 자른다. 무, 감자, 양배추 등 개가 좋아하는 것으로 준비한다.)
③ 채소가 숨이 죽으면 물을 약간만 넣고, 거기에 밥을 넣어 당근이 부드러워지고 밥에 간이 밸 때까지 볶는다.
④ 마지막에 기호에 맞추어 올리브유, 깨소금 등을 뿌린다.

냉동 팽이버섯(팽이버섯 페이스트를 얼린 것) 등을 넣으면 맛도 좋고 영양도 좋다. 덴지로는 유루증(눈물 흘림증)으로 지저분해진 눈 주위가 2주 동안 직접 만든 식사를 먹은 후 말끔히 나았다.

파트너
이시이 사토코

심미 치과 닥터. 화이트화이트 원장. 애견들은 이시이 씨의 쌍둥이 딸에게는 동생과 같은 존재이며, 이시이 씨에게는 사랑스러운 딸 같은 존재.

★애견
무(미니어처 닥스훈트) 암컷 9살
토토(요크셔테리어) 암컷 5살
첫 만남은? 펫 숍에서.
성격, 버릇? 무는 행동이 느리고 엉뚱한 언니, 토토는 성격이 강하고 제멋대로인 동생.

먼저 입양한 개의 위치를 확고히 하면 개들 간에 질서가 생긴다!

반려견의 느릿한 행동을 고치려고 두 번째 개를 입양

느릿한 성격에 너무나도 엉뚱한 무는 하루 종일 자거나 유유자적하게 지내는 것을 좋아하는 아이였다.① 무가 3살 때 이시이 씨는 '이대로 두면 치매가 빨리 오지 않을까?' 하는 생각이 들었다고 한다.

"표정에 패기가 없어, 혹시 혼자 지내서 그런가? 동생이 생기면 달라질까? 하는 기대감으로 동생을 찾기 시작했습니다." 그래서 만난 것이 요크셔테리어 토토였다.

"무의 사료를 사러 백화점에 갔다가 토토를 만났습니다. 몸이 약해서 팔리지 않았던 것 같아요. 혹시 다음 주에도 있으면 내가 입양하자 하는 마음으로 있었는데, 4주 후에 가보니 세일을 하고 있었어요! 너무 가여워서 데려오기로 결정했죠!"

처음 집에 토토를 데리고 왔을 때는 무가 상당히 당혹스러워하는 것 같았다고 한다.

"반감을 가지고 있는 것 같은 반응이었죠. 하지만 기우였어요. 곧 선배로서 제 몫을 하더군요."

서로를 인정하는 사이좋은 자매 관계로

토토는 성격이 강하고 자기주장이 강한 응석둥이이다.

"그래서 선배인 무를 존중하기를 바라는 마음으로 둘의 관계를 고려하면서 키우고 있었습니다.② 그랬더니 오히려 무를 지나치게 배려하더군요. 무엇이든 무의 흉내를 내고, 종이 다른데도 사이좋은 자매③ 같았어요."

덕분에 이시이 씨가 별다른 교육을 시키지 않아도 토토는 착하게 자라주었다고 한다.

"언니와 동생으로서 책임감과 자립심을 가지고 서로를 인정함으로써 서로에게 좋은 영향을 준 것 같아요.④ 먼저 입양한 반려견의 위치를 확실하게 인지시키고 나서 키우니 관계도 잘 형성되어 지금은 서로를 신뢰하고 있는 것 같습니다."

이시이 씨가 두 번째 반려견을 데려오기로 한 것은 게으름뱅이 무의 성격 때문. 혼자였을 때는 늘 누워 있는 경우가 많았다고 한다.

사이좋은 자매였으면 해서 먼저 입양한 아이 입장을 배려하면서 키웠다. 토토는 성격이 강해서 먹이를 줄 때도 무에게 먼저 먹게 하여 관계성을 가르쳤다.

밤에는 쌍둥이 딸들의 침대에서 자는 경우가 많다고 한다. 되도록 가족과 함께 있는 시간을 만들고, 여행을 갈 때는 돌보는 사람을 들여 함께 지내도록 한다.

토토가 좋아하는 공간은 따뜻한 햇볕을 쬐는 창가. 서로 꼭 붙어 있을 때도 있고 적당히 거리감을 두고 쉴 때도 있다. 서로 자립해 있음을 알 수 있다.

파트너
가와미 야스미

'탄탄의 모험'에 나오는 주인공이 반려견과 모험을 즐기는 모습을 보고 '나도 짝꿍이 필요해!'라며 개를 키운다. 함께 할 수 있는 대형견을 선택하길 잘한 것 같다.

★**애견**
자스(헝가리안 비즐라) 암컷 13살

첫 만남은? 아이치현에 사는 브리더를 통해 입양.
성격/버릇: 얌전하고 상대 마음을 배려할 줄 아는 착한 아이. 우리 집에 온 후 자기주장이 강한 개로 변신.

타월로 물장난을 치는 등 함께 놀다보니 목욕을 좋아하게 된 것 같다 ♪

일단 자유분방함이 모토
서로를 존중하는 관계로

자스가 가와미 씨 집에 처음 왔을 때는 제대로 짖지도 못하는 연약한 아이였다고 한다. 도대체 무엇을 원하는지, 무엇을 하고 싶은지 전혀 감을 잡을 수 없었다.

'서로 많은 것을 공유하고 싶은데…, 비즐라가 이런 견종이라니 예상과 좀 다르네!' 하며 당혹스러웠다고 한다.

그래서 자기가 어렸을 때 체험했던 것을 똑같이 체험시키기로 했다고 한다. ①~③ 자스가 두루마리 화장지를 칭칭 감고 장난치거나 가구를 물어뜯는 등, 어린 강아지 특유의 장난을 쳐도 크면 안 하겠지 하고 마음껏 놀도록 해주었다.

자유롭고 관용적인 가와미 씨 집에서 생활하는 동안, 자스는 자연스레 늠름해졌고 지금은 가족을 위해서 무엇을 할 수 있을까 항상 생각하고 행동하는 아이가 되었다.

'예기치 못한 암이 발견되어 긴급 수술을 했을 때도 자기가 죽으면 가족이 힘들겠다고 생각한 것인지 눈에 띄게 건강해져 가족 품으로 돌아와 주었습니다. 3개월 선고를 극복하고 올여름이면 1년을 맞이하는 장수의 길을 달리고 있습니다. 애견 역시 가족의 사랑을 느껴서 좋아진 게 아닐까 생각합니다.'

대화는 유대감을 낳고, 환경은 마음을 여는 관계성을 만든다

'어릴 때부터 항상 눈을 보고 말을 하고, 자스가 말을 하면 잘 들어주었다'고 말하는 가와미 씨.④

"이해력이나 단어를 기억하는 데는 대화가 중요해요. 대화가 가능하면 유대감이 더욱 돈독해집니다. 서로 감정이 있기 때문에 즐거울 때도 있지만, 화날 때도 있습니다. 즐거울 때는 크게 웃어 최대한 표현하고, 화날 때는 말을 아껴 스스로 생각하게끔 합니다. 그런 반복이 유대감을 돈독하게 해준 것 같아요. 또 자기만의 것, 자기만의 공간을 만들어줄 필요가 있습니다."⑤

지금은 13살의 시니어 견이 되었는데 성견으로 성장한 만큼 그가 좋아하는 것, 좋아하는 장소를 만들어주면 안정감을 느껴 문제 행동이 줄어든다고 한다. 이렇게 "이 집에 있고 싶다"는 생각이 들도록 환경을 만들어 주어야 마음의 안정을 갖게 된다고 말한다.

3차원 놀이. 시선의 차이를 알게 해주고 싶어 정글짐이나 미끄럼틀에 데리고 간다.

입체 그림책을 펴자 자스가 흥분! 책을 읽어주면 기억하는 속도가 훨씬 좋아진다.

어떤 때이든 눈을 마주치며 서로를 이해하고, 웃는 모습을 자주 보여주려고 노력한다.

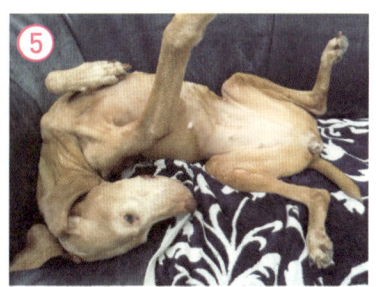

어렸을 때부터 애용하는 소파는 자스의 특등석. 여기에 있을 때는 해방감 최고!

파트너
다카기 아유미

한국 최대 화장품 메이커인 아모레퍼시픽 재팬(주) PR매니저. 애견들과는 서로 자립된 관계를 만들고 있다고 한다.

★애견
스파이크군(시바견) 수컷 9살
벤자민군(퍼그) 수컷 6살

첫 만남은? 믿을만한 브리더 숍에서 첫눈에 반했다.
성격, 버릇? 예민한 스파이크와 응석둥이 벤자민.

산책을 통해서 신뢰관계와 서로의 건강을 유지!

**입양할 때 한 약속
산책은 빼놓지 않고 한다**

시바견인 스파이크와 3년 후 입양한 벤자민. 다카기 씨가 이 두 마리의 애견과 신뢰를 쌓는 근본은 매일 하는 산책에 있다.①

"아침저녁에 한 번씩, 평일은 1시간, 휴일은 2시간 정도 산책합니다. 파트너와 협력하는데, 거의 제가 데리고 나갑니다. 이것이 처음 스파이크를 데려올 때 한 약속입니다. 365일 하루도 거른 적이 없어요. 과음으로 못 나가는 것은 제 사정이지, 개와는 상관없는 일이지요. 개에게 산책은 식사처럼 중요하다고 생각합니다."

유럽에 '지친 개는 행복한 개'라는 말이 있는 것처럼, 아침저녁 운동(산책)을 하고, 낮에는 푹 자는② 생활 사이클이 본래 밖에서 활동하는 개의 건강 유지에 도움이 된다.

"아침에 운동을 하기 때문에 낮에는 대부분 자는 것 같아요. 이 방 저 방 왔다 갔다 하거나 아무 때나 짖어 이웃에게 민폐를 끼치는 일도 없어졌습니다."

**서로 지나치게 의존하지 말고
적당한 거리감을 유지한다**

애정은 쏟지만 지나치게 집착하지 않는다는 다카기 씨. 휴일에 약속이 있으면 집에 두고 외출한다.

"애견에게도 조용하게 보내는 시간이 중요한 것 같아요. 언젠가 장기 휴가로 종일 집에서 빈둥거리는 날이 계속 이어지자 "오늘도 안 나가나? 왠지 불안한데!" 하는 모습을 보이더군요.^^ 그래서 적당히 거리감을 두고 삶을 즐깁니다."

시바견다운 신경질적인 면이 있는 스파이크와 사람을 잘 따르는 벤자민③이지만, 목줄을 매지 않은 대형견에게 쫓겼던 일을 계기로 다른 견에 대한 경계심이 강해졌다고 한다. "애견들이 모이는 공원에 가서 다른 개들과 만나게 해주고 있어요.④ 개들끼리 서로 달리며 노는 것이 건강에 좋으니까요."

매일 산책을 통해 신뢰 관계를 확인하고 계절의 변화도 느낄 수 있고 더 건강해졌다고 한다. 서로 건강을 유지할 수 있는 습관이 행복한 관계의 비결이다.

① 매일 하는 산책은 다카기 씨가 애견과 한 중요한 약속. 특히 살이 잘 찌는 퍼그인 벤자민과 두 마리 모두 건강 관리를 위해 산책은 필요하다. 비 오는 날에도 우비를 입고 나간다.

② 아침에 산책을 하기 때문에 낮에는 대부분 자는 경우가 많다고 한다. 자는 모습도 사랑스러워!

③ 호기심이 왕성한 벤자민은 마음에 들면 바로 달려든다! 경계심이 강한 스파이크가 그런 벤자민을 걱정스럽게 쳐다보고 있다.

④ 주말에 가는 공원. 다른 개들과 노는 것도 좋은 자극이 된다.

지금보다 더 똑똑하게 키우기

평소의 습관으로 개는 지금보다 더 똑똑해질 수 있다. 중요한 것은 개가 자신의 역할을 인지하는 것이다. 감정적으로 애견을 혼내거나 스트레스를 주지 않고 키우는 방법을 소개한다.

01 개의 성격은 천성 30%, 환경 70%

개의 성격은 생후 6개월까지 어떤 경험을 하는가에 따라서 크게 달라진다. 어떻게 키울 것인가!

개의 성격은 견종이 가지는 본래 특성 30%, 나머지 70%는 환경에 의해서 결정된다. 예를 들어 견종 도감에 있는 '독립심이 강해 혼자 집을 잘 지킨다'는 치와와도 주인과 항상 같이 지내면 응석둥이로 자랄 수 있다. 어떤 주인을 만나는가, 어떤 환경에서 자라는가에 따라서 달라진다.

02 트레이너를 고려하고 있다면 고민이나 성격에 맞춰 상담해야

개를 키우면 반드시 예절학교에 보내야 하는 것은 아니다. 개의 특성에 맞는 트레이너를 찾아 주인도 함께 배우는 것이 이상적. 만약 다닐 경우에는 퍼피 클래스에서 친구들을 찾고 싶은지, 아니면 어떤 트러블을 해결하고 싶은지를 먼저 생각하고 거기에 맞는 애견교실이나 트레이너를 찾는다.

애견의 안전과 장수를 우선하고 주인과 좋은 관계성을 구축하는 것이 예절의 첫걸음. 환경에 따라서도 키우는 방법이 달라진다.

03 애견을 위한 라이프스타일을 정비한다

가능하면 개를 입양하기 전에 본인의 라이프스타일을 잘 파악해두어야 한다. 만약 급하게 입양하게 된 경우에는 어릴 때부터 생활 패턴에 익숙해지도록 하는 것이 좋다. 개는 환경의 변화에 스트레스를 잘 받으므로 성견이 된 후에 라이프스타일을 급격하게 바꾸는 것은 좋지 않다.

대형견
- 매일 운동을 시킬 수 있는가?
- 사료비, 의료비, 트레이닝비 등 금전적인 면은 충분한가?
- 훈련은 잘 되어 있는가?
- 이동용 차량은 있는가?
- 수명이 짧다.

소형견
- 집을 비우는 시간이 어느 정도인가?
- 도중에 직업을 바꿀 계획이 있는가?
- 결혼, 출산 시는 어떻게 할 것인가?
- 트리밍의 필요성은 있는가?
- 수명은 15년 정도 된다.

더 똑똑하게 키우기 04
애견 쓰다듬는 법

개를 쓰다듬을 때는 어디를 쓰다듬는 가도 중요하다. 흔히 머리나 목을 만지는데 자칫 개를 흥분시킬 수 있다. 진정시키고 싶을 때나 칭찬해주고 싶을 때는 목에서부터 몸통, 꼬리 시작 부분까지 손으로 천천히 쓰다듬어 준다.

머리·목

애견과 놀고 싶을 때는...

마음껏 놀고 싶을 때는 머리나 목을 만져준다. 개도 신이 나서 들뜨는데, 단 이 부분을 만지면 싫어하는 아이도 있으므로 주의해야 한다.

목에서부터 몸통으로

애견을 진정시키고 싶을 때는...

경마의 기수가 말에게 하는 것처럼 목에서부터 몸통으로 길게 쓰다듬으면 매우 좋아한다. 통통 두드려주는 것도 OK!

더 똑똑하게 키우기 05
양치 방법

치석이 쌓이는 것을 방지하기 위해 가능한 하루 한 번은 입 청소를 해준다. 어릴 때부터 입 만지는 것에 익숙해지도록 길들인다. 칫솔질에 거부감을 보이는 개는 젖은 거즈로 닦아내기만 해도 된다. 양치질을 해도 치석이 잘 쌓이는 개도 있으므로 정기 검사를 받고, 필요하면 제거하도록 한다.

입 만지는 것에 익숙해지도록 하는 것이 우선

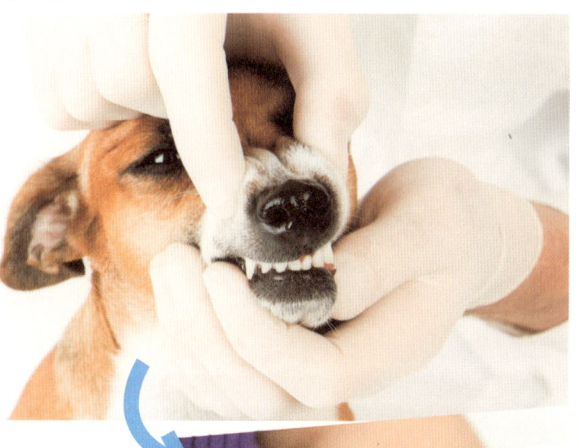

어린 강아지 때부터 입을 벌리고 만지는 것에 익숙해지도록 해야 한다. 젖은 거즈로 치아 주변을 가볍게 닦아내는 일부터 시작한다.

익숙해지면 칫솔로

애견용 칫솔로 가볍게 닦는다. 아프게 하면 양치질을 아주 싫어하게 된다. 양치를 싫어한다면 억지로 닦지 말고 병원 검진을 자주 한다. 도전!

양치 껌을 사용해도 되나요?

딱딱한 것을 깨물면 치아 주변에 붙어 있던 불순물이 떨어져 치석 예방에 도움이 되지만, 지나친 기대는 금물. 안 주는 것보다는 낫다는 정도로 생각해야 한다. 또 껌은 칼로리 오버의 원인이 되므로 가끔 준다.

대형견용, 소형견용 등 견종에 적합한 Dog Food를 선택한다. 양은 설명서를 참고한다.

더 똑똑하게 키우기 06
사료 주는 법
기본은 하루 두 끼 Dog Food면 OK!

생후 2개월 무렵의 어린 강아지는 소량씩 4~5회로 나누어 주고, 성장에 맞추어 횟수를 줄이고, 한 살이 넘으면 아침저녁 하루 두 끼를 주는 것이 기본이다. 개에게 필요한 영양소가 모두 들어 있는 Dog Food를 주는 것이 가장 안전하다. 연령이나 견종에 따라 질 좋은 Dog Food를 선택한다. 채소를 먹일 때는 소화를 위해 믹서로 잘게 부순 후에 준다.

지나친 간식에 주의

Dog Food를 주면 모든 영양이 충족되기 때문에 원칙적으로 간식은 필요하지 않지만, 훈련 후 포상으로 소량씩 주는 것은 괜찮다. 견용 쿠키나 육포 등은 한 입에 들어가도록 잘게 잘라 준다. 간식은 고칼로리가 많으므로 과하게 주면 비만을 초래하고, 또 사람이 먹는 과자는 절대로 주어서는 안된다.

간식은 훈련 후에 포상으로 조금씩 준다. 질 좋은 저칼로리 간식을 선택하는 것도 중요하다.

메뉴는 바꾸지 않아도 OK!

먹어서 설사나 비만이 없고 건강상에 문제가 없으면 Dog Food를 바꿀 필요는 없다. 다만 어린 개에서 성견, 성견에서 노견에 이르렀을 때는 상태를 잘 살피면서 적합한 것으로 바꾸는게 좋다. 의료식으로 바꿀 때는 수의사의 지시에 따른다.

펫 용 밀크 외, 염소젖도 OK!. 단 물 대신 주는 것은 좋지 않다.

우유는 먹이지 않는 것이 무난

대부분의 개는 우유를 마시면 설사한다. 우유에 들어 있는 유당이 몸에 맞지 않기 때문이다. 본래 이유기 이후 개에게 우유를 줄 필요는 없으며, 기호품으로 가끔 주는 것이라면 펫용 밀크를 먹인다. 지금까지 별 이상이 없었더라도 되도록 주지 않는 것이 바람직하다.

다른 Food로 갑자기 바꾸면 먹지 않을 수도 있으니, 이전에 먹던 것과 섞어서 주면서 서서히 바꿔주도록 한다.

더 똑똑하게 키우기 07 — 브러싱 방법

브러싱은 털 손질을 위한 것뿐만 아니라, 커뮤니케이션이기도 하고 피부의 이상이나 몸의 이변을 조기에 발견할 수 있는 중요한 일이다. 털의 길이와 관계없이 매일 해주는 것이 좋다. 평소 몸 만지는 것에 익숙해져 있으면 동물병원에서 진찰을 받을 때도 수월하다.

카니헨(닥스훈트), 시츄 등
털이 긴 견종

슬리커 브러시로 빠진 털을 제거한 후, 콤으로 털을 빗어 정돈한다. 털 뭉치가 생긴 경우에는 트리머와 상담한다. 아마추어는 풀기 힘들며, 또 직접 자르면 피부를 다치게 할 수도 있어서 위험하다.

추천: 슬리커 브러시, 콤

시바견, 보스턴 테리어, 퍼그 등
털이 짧은 견종

물에 적신 타월을 꼭 짜서 전신을 닦아내고, 수모(獸毛) 브러시로 털 반대 방향으로 브러싱 한 후, 다시 털 방향으로 빗어 정돈한다. 일본 견종이나 퍼그 등, 털이 짧거나 잘 빠지는 견종은 그 후 콤으로 털을 빗으면 깔끔하다.

추천: 수모(獸毛) 브러시, 콤

미니어처 슈나우저, 아펜핀셔 등의
와이어 견종

슬리커 브러시로 털 반대 방향으로 브러싱하여 빠진 털을 제거한다. 와이어 견종은 한 달에 한 번 정도 반드시 전문가에게 트리밍을 받아야 한다. 그냥 두면 털이 도톰하게 부풀어 털 뭉치가 생기기 쉽다.

추천: 슬리커 브러시

더 똑똑하게 키우기 08
자립심을 키우는 칭찬법

마음을 담아 칭찬한다

애견이 착한 일을 했을 때는 마음껏 칭찬해준다. 감정이 담겨 있으면 '착하구나!', '굿!' 등 무슨 말이든 좋다. 기쁜 마음이 넘치면 굳이 말이 필요 없다. 개는 분위기를 읽는 힘이 뛰어나므로 건성으로 칭찬하면 좋아하지 않는다.

개는 주인이 말을 걸거나 만져주는 것만으로도 기쁘다. 머지않아 주인의 웃는 얼굴만 봐도 서로 마음이 통하게 된다.

이름을 부르며 칭찬한다

칭찬할 때는 '○○, 잘했어!' 하고 이름을 부르며 칭찬해준다. 착한 일을 해서 칭찬받자→이름을 부른다→주인이 아주 좋아한다! 라는 트리플 콤보로 애견이 자기의 이름을 아주 좋아하게 된다. 그러면 이름을 부르면 달려오는 착한 아이가 되려고 노력한다.

○○, 잘했어!

개는 자신의 이름을 알고 있다. 이름을 불러주면 더 '착해지자'라는 생각이 싹트게 된다.

오늘은 안 주나?

지나친 간식은 비만이나 알레르기의 원인이 된다. 애견이 좋아한다고 해서 지나치게 주지 않도록 주의한다.

포상 간식은 매번 주지 않는다

훈련 후 포상으로 간식을 주는 것은 괜찮지만, 매번 주면 고마워하는 마음이 없어진다. 세 번에 한 번 정도는 간식을 생략하면, 애견이 '오늘은 안 주나?' 하고 기대하게 된다. 또 때로는 '칭찬하지 않는 것'도 개에게 기대감을 주게 된다.

09 야단칠 때 스스로 생각하게 만드는 방법

더 똑똑하게 키우기

감정적으로 화내지 않는다

'화내는 것'과 '혼내는 것'은 다르다. 예를 들어 애견이 당신이 아끼는 물건을 깨뜨렸을 때, '왜 그랬어?' 하고 화를 내도 개는 잘 모른다. 그 이유는 지나치게 감정적으로 대했기 때문이다. 개는 다른 즐거움을 찾기 위해 긍정적으로 생각한다.

'혼낼 때'는 낮은 목소리로 냉정하게 대하는 것이 중요하다. 감정적으로 대하면 개는 주인이 기뻐하고 있다고 착각하고 만다.

'왜 이런 짓을 했어?' 하고 야단쳐도 개에게는 통하지 않는다. '장난치면 안 돼!' 하는 것은 어디까지나 인간의 판단에 근거한 것임을 아는 것도 중요하다.

부정형으로 혼내지 않는다

'하면 안 돼!' '왜 얌전히 못 있니?' 하고 부정형으로 야단치면 소용이 없다. '조용히 해!' '기다려!' 하고 개가 알 수 있는 긍정적인 말로 마음을 전달한다. 또 이름을 부르며 혼내는 것도 좋지 않다.

이름을 부르면 혼난다고 인식해 자기 이름을 싫어하게 돼, 불러도 오지 않게 된다.

더 똑똑하게 키우기 10 '기다려!'를 가르치는 방법

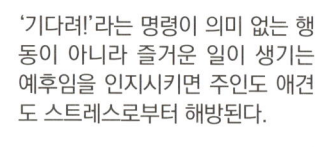

'기다리면 나중에 좋은 일이 있다'는 목표를 잘 전달하면 개는 쉽게 '기다려!'라는 명령을 지킨다. 놀아 달라고 할 때는 먼저 '기다려!'하고 말하고, 얌전해지면 놀아준다. 간식이나 식사 전에도 '기다려!'를 하고, 얌전해지면 준다. 기다리면 바람이 이루어진다는 것을 알게 되면 '기다려!'라는 명령을 좋아하게 된다.

'기다려!'라는 명령이 의미 없는 행동이 아니라 즐거운 일이 생기는 예후임을 인지시키면 주인도 애견도 스트레스로부터 해방된다.

'기다려!'나 '앉아!'를 통해서 애견과 커뮤니케이션을 하는 것도 함께하는 생활을 즐겁게 하는 한 방법이다.

더 똑똑하게 키우기 11 '앉아!'를 가르치는 방법

'앉아!'는 '기다려!'의 연장선에 있다. 개 뒷다리의 허벅지 부분을 살짝 쓰다듬으면 개는 힘이 빠지듯이 앉는다. 그때 '앉아!' 하고 말하고 나서 칭찬을 해준다. 놀고 있을 때 '앉아!'→'기다려!'→그 후에는 좋아하는 간식을 준다는 것을 알게 해주면 저절로 앉아 기다린다.

'앉아!' 하고 명령했을 때 앉지 않는 아이가 사실은 똑똑하다?

개 중에는 '앉아!'하고 명령해도 절대 앉지 않는 아이가 있다. 예를 들어 한때 시베리안 허스키는 '앉아! 하고 명령해도 잘 앉지 않는 개'로도 유명했다. 그렇다고 그들이 바보라서가 아니라, 오히려 머리가 좋아서 '앉으면 뭔가 좋은 일이 있나?' 하고 곰곰이 생각하고 있는 것이다. 하지만 자기에게 이득이 없으면 굳이 앉을 필요가 없는 것이다. 주인이 '앉으면 좋은 일이 생긴다'라는 것을 알려주면 잘 앉게 된다.

더 똑똑하게 키우기 12

애견의 호칭
몇 살인가에 따라서 호칭을 바꾸자 (*일본 참고)

귀엽다고 성견이 되었는데도 늘 아기 취급하는 것은 좋지 않다. 자립심 강한 개로 키우고 싶다면 사람과 마찬가지로 연령에 따라 호칭을 바꿔보자. 항상 '우리 애기'라고 부르며 애지중지하면 개는 어떤 짓을 해도 용서받는다고 생각하고 멋대로 행동한다.

어린 시절	청년 시절	성견	노견
○○(애기)	○○님	○○	○○님

개와 인간의 연령 대조 조견표

개(소형~중형)	사람	개(대형)	사람
1 개월	1 세	1 개월	1 세
2 개월	3 세	2 개월	3 세
3 개월	5 세	3 개월	5 세
6 개월	9 세	6 개월	7 세
9 개월	13 세	9 개월	9 세
1 년	15 세	1 년	12 세
2 년	24 세	2 년	19 세
3 년	28 세	3 년	26 세
4 년	32 세	4 년	33 세
5 년	36 세	5 년	40 세
6 년	40 세	6 년	47 세
7 년	44 세	7 년	54 세
8 년	48 세	8 년	61 세
9 년	52 세	9 년	68 세
10 년	56 세	10 년	75 세
11 년	60 세	11 년	82 세
12 년	64 세	12 년	89 세
13 년	68 세	13 년	96 세
14 년	72 세		
15 년	76 세		
16 년	80 세		
17 년	84 세		
18 년	88 세		
19 년	92 세		
20 년	96 세		

개의 성장 과정

어린 강아지 시절

유아견으로 부르는 시기는 생후 5개월 정도까지. 소형견은 6개월, 대형견은 8개월 무렵부터 사춘기에 접어들며 왠지 건방져진다. 몸의 성장이 거의 멈추면 식욕도 준다. 강아지 취급은 그만!

성견 시절

견종에 따라 다른데, 2년을 넘으면 마음도 몸도 완전한 성견. 심신이 모두 가장 충실한 시기이며, 강아지 시절부터 함께 해온 주인에게는 최고의 파트너가 된다.

노견 시절

대형견은 7~8년, 중소형견은 10년을 넘으면 노견 영역에 든다. 노견 초기엔 기력은 있지만 체력이 쫓아가지 못하고 병에 잘 걸린다. 대형견은 10년, 중소형견은 15년을 넘으면 최고령자다.

더 똑똑하게 키우기 13

올바른 산책법
산책 허들을 낮추어둔다

'산책 가자!' 하는 말이 끝나기 무섭게 흥분을 감추지 못하는 개는 '가자!'라고 한 뒤 개를 현관으로 데리고 가서 잠시 기다리게 한 후 외출한다. 기다린 보상으로서 산책을 한다는 사실을 알게 해주면 흥분의 시작은 문이 열린 후에 생긴다는 것을 알게 된다. 그러면 '정말 가나?' 하는 기대감을 컨트롤 할 수 있게 된다.

현관에서 기다리고 있으면 곧 산책을 갈 수 있다는 것을 인지하면 '가자!'라는 말에 무턱대고 흥분하지 않게 된다.

목줄과 몸줄을 따로 사용한다

목줄 — 대부분의 개는 목줄만 해도 된다. 쑥 빠지지 않게 손가락 두 개가 들어갈 정도로 여유 있게 채운다.

몸줄 — 프렌치블독이나 시바견 등 목줄이 잘 빠지는 견종, 요크셔테리어나 토이푸들 등 기관지가 가늘어 목줄을 하면 기침을 하는 아이에게는 몸줄을 채워준다.

몸줄(하네스)은 사역견이 썰매 등을 끌기 위해 만들어졌다. 개가 주인을 끌어당겼을 때 신체 부담이 적도록 해준다. 줄을 당기는 버릇이 강한 개는 그 버릇이 한층 더 강하게 나타나므로, 이를 고쳐주기 위해서는 목줄을 사용하는 것이 좋다. 주인의 기호나 개의 특성에 맞춰 고른다.

목줄 잡는 법

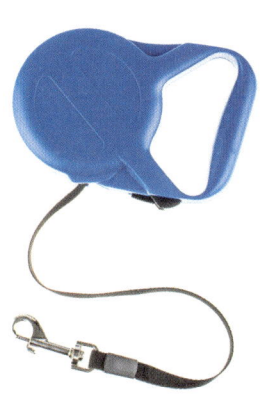

목줄은 느슨하게 여유를 주고 짧게 잡는다. 개와 나란히 걷는 것이 가장 이상적인데, 목줄에 여유가 있으면 앞뒤 쪽에 있어도 괜찮다. 팽팽하게 당기는 것은 좋지 않고, 또 늘어나는 타입의 목줄을 길게 풀면 사고의 원인이 된다. 교상(咬傷)사고나 자전거에 치일 위험도 있으므로 거리에서는 짧게 고정한다.

개와 주인이 50cm 정도의 거리를 유지할 수 있도록 목줄을 잡는다. 목줄의 길이는 애견의 신체 높이에 따라 다르다.

목줄은 아이의 손을 잡듯이 부드럽게 잡는다

목줄을 '개와 연결하는 도구'가 아닌 '어린아이의 손'이라고 생각해야 한다. 길거리에서 아이의 손을 놓거나 아플 정도로 거칠게 잡아끄는 부모는 없다. 목줄은 항상 잡고 있고, "우리 아이"에게 위험이 닥칠 것 같을 때는 부드럽게 당겨 옆으로 오도록 한다. 목이 아플 정도로 잡아당기는 것은 당연히 좋지 않으므로 주의해야 한다.

풀을 먹는 개는 제초제에 주의!

가슴이 답답하거나 스트레스가 쌓인 개는 길가의 풀을 먹는 경우가 있다. 그 행동 자체에는 문제가 없지만, 제초제나 농약이 묻은 풀을 먹으면 중독으로 생명이 위험해질 수도 있다. 또 해수 퇴치를 위해 먹이에 약을 섞거나 부패한 음식물이 버려져 있는 등 곳곳에 위험이 도사리고 있으므로 풀이 우거진 곳에는 가까이 가지 않는 것이 좋다.

풀을 먹으면 곳곳에 위험이 도사리고 있다. 먹고 싶어 하면 집에서 잘 씻은 양상추나 양배추를 잘게 썰어 준다.

입마개는 개에게 스트레스를 준다? 길에서 아무거나 주워 먹는다면!

어쩌다 보면 무언가를 우물우물 씹고 있을 때가 있다. 바닥에 떨어진 것을 잘 주워 먹는 개는 입마개를 해두는 것도 한 방법이다. 습관을 고치는 데 시간도 많이 걸리고, 해로운 것을 먹으면 큰 사고로 이어질 수 있다. 여러 번 개복 수술을 하는 아이도 있다. 그물 타입의 입마개라면 개에게도 스트레스가 적을 것이고, '멋지다!'라고 칭찬해주면 거부감 없이 받아들일 것이다.

산책 코스는 걷기 좋은 장소를 선택

캠핑지의 자갈밭에 숨겨진 유리 조각이나 날카로운 돌로 인해 발바닥을 다치거나 지열로 달궈진 모래사장을 걷다 화상을 입는 경우도 있으므로 밖에서 놀 때는 주의!

개는 항상 맨발이다. 산책 장소를 정할 때는 충분히 고려하여 다치지 않도록 주의해야 한다. 정비된 도로가 가장 안전하지만, 한여름의 아스팔트는 절대 주의! 날이 저물어도 잔열로 인해 발바닥에 화상의 우려가 있으니, 한여름에는 늦은 저녁이나 이른 아침에 산책하는 것이 좋다.

도그런에서 신나게 놀고 있는 개를 부를 때는 그 이상의 기쁨이 기다리고 있다는 것을 개에게 알려줄 필요가 있다.

부르면 바로 주인에게 오도록 훈련한다

부르면 바로 오도록 하기 위해서는 평소 지시하는 '기다려!'라는 명령이 중요하다. 'OO!' 하고 이름을 불러 내 쪽으로 오면 '기다려!' 하고 간식을 준다. 밖에서는 기다리는 동안 목줄을 채우고 나서 칭찬해주면 된다. 불러서 바로 목줄을 채우게 되면, 부르면=따분해진다는 것을 학습하게 되어 주인이 불러도 무시하게 된다.

도그런에서는 먼저 주인과 한 바퀴 돌자

도그런에 오면 바로 목줄을 풀지 말고 먼저 주인과 함께 운동장을 한 바퀴 돈다. 이렇게 해주면 '아, 여기는 엄마(아빠)가 관리하는 곳이구나' 하는 인식이 생겨 부르면 잘 오게 된다. 지나치게 자유분방하게 놀다 수습이 안 되는 일이 없어지겠죠!

현재 일본 내에서 사유지 외에 개를 풀어놓을 수 있는 곳은 도그런 뿐이다. 공공장소이므로 자유롭지만 매너 있게 놀도록 해야 한다.

개들을 서로 인사시킬 때는 주인을 보고 판단하자

산책 중에 개들을 서로 인사 시킬 때는 우선 주인을 살펴보자. 주인이 싫은 내색을 보이는 경우는 함께 있는 개도 비슷하거나 난폭한 경우가 많다. 기본적으로 당신과 상대가 맞지 않는다고 생각되면 서로 피하는 것이 좋다. 예외도 있지만 대개는 사이가 좋지 않다.

개는 주인을 닮는다는 말이 있는데 맞는 말이다. 주인이 잘난 체 하면 개도 프라이드가 높아 잘난 체 하는 경우가 많다.

혹시…민폐 행위? 비극을 막기 위한 견주의 매너

산책 중에 만나는 사람 중에는 개를 싫어하는 사람도 있다. 개에게 상처를 입히는 사건 중에는 개(견주)의 민폐 행위에 견디다 못해 하는 경우도 있으므로, 개의 안전을 위해서라도 매너를 지켜야 한다. 또 개를 싫어하는 사람에게는 조심하면서도, 개들끼리 서로 좋아하는 동안에는 방심한다. 견주 간의 충돌은 개를 싫어하는 사람과의 트러블보다 심각할 수 있으므로 주의한다.

산책 중에 의도적으로 놓인 독극물을 먹는 경우도 있다. 주워 먹는 버릇이 있는 개는 견주가 잘 살펴야 한다.

주의해야 할 체크 항목

- ✓ 도그런 외의 장소에서 목줄을 풀어 놓고 있지는 않습니까?
- ✓ 남의 밭이나 화단에 들어가거나 하지는 않습니까?
- ✓ 가드레일에 계속 묶어두고 있지는 않습니까?
- ✓ 개의 배설물을 잘 처리하고 있습니까?
- ✓ 오줌을 누인 후 물로 잘 닦아내고 있습니까?
- ✓ 발정기의 수컷을 도그런에 풀어놓고 있지는 않습니까?

더 똑똑하게 키우기

14 올바른 놀이법

애견이 놀아달라고 하면 한 템포 늦춘 후 놀아준다

애견이 '놀아달라!'며 공이나 장난감을 갖고 오면 바로 놀아주지 말고, '앉아!' 하고 앉힌 후 '기다려!' 하고 명령한다. 잘 하면 마음껏 놀아준다. 명령을 잘 따라야 놀아준다는 것을 인식시키면 개는 '놀고 싶은데, 놀아 주려나!' 하고 생각하게 된다.

놀이가 허가제라는 것을 습득하면 덤벼들지 않고 차분히 앉아서 기다린다.

놀이 시간에는 개가 좋아하는 장난감을 잘 선택한다

개들이 좋아하는 장난감은 일률적으로 답하기 어렵다. 개들도 뭔가 한가지에 몰두하는 때가 있는데 색, 형태, 냄새, 물었을 때의 느낌 등 개의 나이나 계절에 따라서 기호가 달라진다. 그때 마음에 드는 장난감을 잘 선택해줘야 좋은 주인! 물론 장난감의 안전성에도 유의한다.

지금은 이게 좋아

볼을 좋아하는 개라도 테니스 공을 좋아할 때도 있고, 고무공을 좋아할 때도 있고, 인형을 좋아할 때도 있는 등 기호는 늘 변한다.

물고 당기는 것은 OK!

물고 당기는 놀이는 버릇이 없어진다는 의견도 있는데, 주인이 멈출 때를 컨트롤 할 수 있다면 해도 무방하다. 개가 물었던 끈이나 인형을 뱉는 순간에 '놔!' 하고 명령하고 놀이를 마친다. '놔!=입을 벌리라'는 인식이 생겨 삼키거나 하는 것을 방지할 수 있다. 하지만 도저히 말을 듣지 않으면 트레이너와 상담한다. 그대로 방치하면 문제를 일으킬 수도 있다. 그만큼 개에게는 중요한 요소를 가진 놀이이다.

'놔!' 하는 신호에 물었던 것을 놓으면 견주가 게임에서 이긴 것이 되므로 개는 '자기가 약자'라고 생각한다.

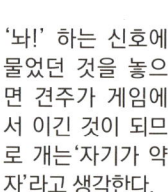

'가져오는 놀이'를 하자

던진 물건을 가져오는 '리트리브(retrieve)'는 개의 본능 중 하나인데, 그 이름이 붙은 각종 리트리브는 물론, 대부분 개가 아주 좋아하는 놀이이니 같이 즐겨보자. 가져오기는 쉽지만, 가져온 볼이나 장난감을 내려놓고 다시 던지기를 기다리는 것이 가능한가 하는 것이 포인트. 여기서 '놔!'라는 명령어가 키워드!

먼저 집안에서 마음에 드는 장난감을 사용해 놀아보고, 익숙해지면 도그런에서 장거리에 도전!

실내에서 먼저 연습

익숙해지면 밖에서도!

도그런에서 하는 [리트리브 놀이] 방법

STEP1 끈이 달린 볼로 연습 시작
먼저 끈이 달린 볼을 사용해서 리트리브 놀이를 하여 개에게 볼에 대한 집착심을 갖게 한다. 볼을 억지로 뺏지 않는다.

➡

STEP2 가까운 거리에 볼을 던진다.
볼을 좋아하게 되면 가까운 곳에 던져본다. 이때 주인도 함께 볼을 주우러 간다. 개가 볼을 물면 칭찬해주고, 간식을 주어도 좋다.

➡

STEP3 개에게 볼을 주워오도록 한다.
여러 번 반복한 후 개에게 볼을 주워오도록 한다. 볼을 물으면 불러들여 곧장 달려오면 성공이다. 주인과 함께 즐기는 놀이!

개들 간의 놀이는 성별에 주의한다

개들 간의 교류에도 궁합이 있다. 거세하지 않은 개, 피임하지 않은 개가 서로 라이벌 관계에 놓여 으르렁대는 경우가 많다. 특히 거세하지 않은 수컷은 서로 유혈사태로까지 번지는 경우도 있으므로, 특히 조심한다. 산책 중에 나누는 인사도 동성끼리는 무모하게 가까이하지 않는 것이 좋다.

어릴 때는 사이가 좋았던 친구였다고 하더라도 사춘기 이후에 급격하게 사나워지는 경우가 있다. 인간의 청소년기와 별반 다르지 않다.

15 빈집 지키게 하는 방법
더 똑똑하게 키우기
빈집 지키는 것을 대수롭지 않게 생각한다

개는 '움직이고 싶은 본능'이 있으므로 일을 맡긴다는 생각으로 빈집을 맡기자. 주인이 '안됐네, 미안해!' 하는 마음을 가지면 그 마음이 개에게 전달되어 불안감을 가지게 된다. 외출 전에 '집 잘 봐! 부탁해~' 등의 작별인사를 하거나 필요 이상으로 개를 달래거나 하지 말자. 개라면 빈집 정도는 충분히 지킬 수 있다.

외출 전에 지나치게 다독거리면 '설마 헤어지는 건가? 다신 안 돌아오나?' 하고 오히려 개를 불안하게 만든다.

빈집 지키기 성공은 신뢰의 증거

개는 환경에 순응하는 동물이므로 어릴 때부터 빈집 지키는 것에 익숙해진 개는 주인이 없는 시간도 잘 지낼 수 있다. '돌아오니까 괜찮아' 하고 주인을 신뢰하고 있는 것이다. 단 어린 강아지는 4시간 이상, 성견이라 하더라도 10시간 이상 빈집을 지키게 하는 것은 안전과 건강관리 면에서도 안심할 수 없다. 가능하면 도그워커(Dog Walker)나 펫 시터와 상담한다.

성견이 된 후 빈집을 지키게 하는 경우에는 단시간부터 시작해서 주인이 '반드시 돌아온다'는 신뢰감을 주도록 한다.

귀가해서 과하게 달래지 않는다

집에 돌아와 '미안해, 심심했지!' 하고 과하게 달래면 개도 심심했던 마음이 되살아난다. 울지 않고 참았던 아이가 엄마를 보자마자 우는 것과 같다. '고생했어, 고마워!' 하고 칭찬하며 쓰다듬어 주고 여느 때와 같은 톤으로 말하면 개도 안심감을 느낀다.

평상시와 마찬가지로 칭찬해주면 개는 '집 지키는 것 정도는 식은 죽 먹기!'라고 생각하게 된다.

주인이 과하게 대할수록 개는 혼란스러워져 '대체 왜 이러지?' 하고 불안해한다. 다시 빈집을 지키게 하면 더더욱 심심해할 수도…

집을 지키다가 심심해지면 안절부절 못하게 된다. 특히 똑똑한 개일수록 그런 경향이 강하므로 TV나 라디오, 장난감 등을 준비해 지루함을 느끼지 않도록 해준다.

빈집을 지키는 동안 '야구중계'를 틀어준다!

빈집을 지키게 할 때는 될 수 있는 대로 심심해하지 않도록 TV를 켜놓고 외출하는 것도 효과적이다. 그중 야구 중계가 좋은데, 적당하게 움직임이 있고 적당하게 말소리(해설이나 실황)가 나므로 개에게 흥미를 준다. 미리 녹화해두고 외출 전부터 틀어놓으면 된다. TV뿐만 아니라 라디오도 좋다.

몸 밖으로 열을 잘 내보내지 못하는 견종은 입을 벌리고 헐떡거리면서 열을 내보내 체온을 떨어뜨린다.

에어컨 온도는 낮게 설정한다

아주 작은 개를 제외하고는 개는 추위에 강하고 더위에 약하다. 한여름 실온에서는 충분히 주의해야 한다. 에어컨 온도는 23~24도로 해주고, 추위하면 25~26도로 설정한다. 또 사람의 움직임에 반응하는 에어컨은 아래까지 찬바람이 오지 않는 경우도 있으므로, 미리 바닥 부근의 온도도 체크한다.

한여름 대책

에어컨

개를 키우면 원칙적으로 여름과 겨울 모두 에어컨을 계속 틀어놓을 각오를 해야 한다. 냉난방 모두 23~24도 정도 유지.

냉각 제품

냉매제가 든 차가운 매트나 깔개는 바닥에 깔거나, 에어컨이 꺼졌을 때 긴급 피난 장소로 사용할 수 있으므로 추천.

그늘

밖에서 키울 때는 직사광선이 닿지 않는 곳으로 개집을 옮겨 반드시 그늘을 만들어준다. 지면이 흙이면 구멍을 파서 몸을 식힐 수 있다.

털을 밀어준다

털이 긴 견종은 과감하게 잘라 준다. 한여름에 완전히 밀어버려도 가을, 겨울에는 본래의 멋진 모습으로 돌아온다.

개는 땀샘이 없기 때문에 땀을 바람으로 식히는 선풍기는 의미가 없다. 반드시 에어컨을 사용한다.

겨울 대책

카툰박스 (Carton Box)

생각보다 보온효과가 뛰어나다. 견사 케이지 안에 넣어두면 마음에 드는 잠자리가 될 수 있다. 안에 모포를 깔아주면 더욱 좋다.

목욕 타월 (Bath Towel)

깔개로 준비해두면 자유롭게 뒤집어쓰거나 둘둘 몸에 말아 놓을 수도 있다. 고리가 긴 것은 발톱이 걸릴 위험이 있으므로 짧은 타입 권장.

화장실 사용법

기본 화장실 훈련법

대소변을 못 가린다고 야단쳐도 대부분 개는 이해하지 못한다. 배변 습관을 무리 없이 인지시키려면 개가 화장실 장소를 스스로 정하도록 하는 것이 가장 빠른 방법. 개는 한 곳에 배뇨하는 습관이 있으므로 장소만 스스로 정하면 다른 장소에서는 거의 배뇨를 하지 않는다.

어린 강아지 배변 훈련법

STEP1 케이지 안에 배변 시트를 깐다
케이지 안에 배변 시트를 깔아 두면 개는 자기 잠자리에 배변하지 않는 습관이 있으므로 배변 시트에 배변한다.

→

STEP2 성공하면 크게 칭찬해준다
잠자리에 볼일을 봤을 때는 혼내지 말고 조용히 치운다. 배변 시트에 배변했을 때는 '잘 했어!' 하고 크게 칭찬해준다.

→

STEP3 케이지를 치우고 훈련을 종료
케이지 안 화장실에 배변하면 케이지를 치운다. 이때는 이미 화장실을 기억하고 있으므로 집 안 어디서든 반드시 화장실에서 볼일을 본다.

배변 치우는 모습을 보이지 않는다

배변을 치울 때, 그 모습을 개에게 보이지 않는다. '어, 내가 쌌는데 치워주네! 신경 써 주네!' 하고 인식하여 관심을 받고 싶을 때마다 아무데나 배변하게 된다. 실수로 배변을 한 경우에는 몰래 치우고, 탈취제를 사용해서 흔적을 말끔히 없앤다.

특히 수컷은 마킹을 통해서 외부와 커뮤니티를 하고 싶어하므로 산책 중에만 배변하는 개가 많다.

개는 관심 끄는 것을 아주 좋아해 자기의 배설로 인해 주인이 우왕좌왕하는 것을 보면 오히려 좋아한다. 반드시 모르게 치워준다.

밖에만 나가면 배변하는 개를 위한 배변 훈련

산책만 나가면 배변하는 개는 산책을 잠시 중지한다. 개는 식후와 잠에서 깼을 때 배변감을 느끼므로 잘 관찰하여 배변을 느낄 때 화장실로 데려간다. 단 산책 중에만 배변하는 개에게 용변을 참게 하면, 방광염에 걸릴 우려가 있으므로 수의사와 상담한다.

더 똑똑하게 키우기 17 — 짖지 못하게 하는 방법

누가 왔는데!

개는 반려견으로 가축화된 동물이므로 수상한 것을 보면 일단 짖어서 위협한다.

벨이 울려요!

반려견 행동의 하나로 벨소리에 과도하게 반응하는 경우, 벨소리를 바꾸면 조용해지는 경우도 있다.

당신 누구죠? 누구냐고?

손님이 오면 짖는 것은 어쩔 수 없는 일. 개에게 관심을 보이지 말고 무시하는 것이 상책이다.

심심해! 빨리 오세요!

끙끙, 킁킁하는 소리를 내는 것은 심심하다는 증거. 어린 강아지라면 TV를 켜주는 등 관심을 다른 곳으로 유도한다.

일단 애견의 외침을 들어보자

개가 짖는 것은 무언가를 말하고 싶어서이다. 짖어도 반응하지 않으면 짖는 횟수가 줄어든다. 짖어도 반응이 없다는 것을 인지하고 있으므로 앞발로 긁는 등 다른 방법을 생각한다. 짖는 것이 곤란한 경우, 가장 좋은 방법은 반응하지 않는 것. '안 돼!' 하고 야단치는 것도 개는 반응으로 받아들인다.

주인을 보고 짖는 것은 무언가 요구가 있을 때이다. 여기서 반응하면 개는 '짖으면 해준다'라고 학습하게 된다.

애견이 짖는 소리에 일부러 반응하지 않는다

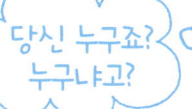

이상한 것이 눈에 들어왔기 때문에 짖는 것이다. 눈에 들어오지 않도록!

개가 짖는 이유에는 반드시 대상이 있다. 주인을 보고 짖으면 '원하는 것이 있다'는 의미이다. 이때는 매번 반응하지 않는 것이 중요하다. 반응하면, 짖으면 요구를 들어준다는 인식이 생겨 수시로 짖게 된다.

짖는 대상에서 시선을 떼게 하고 관심을 다른 곳으로 돌린다

개는 일단 눈에 대상물이 들어오면 짖는다. 그러므로 짖을 만한 것이 보이지 않도록 해주는 것이 가장 중요하다. 예를 들어 산책 중에 싫어하는 것(다른 개, 어린이 등)을 발견하면, 개가 보기 전에 '이쪽 봐!' 하고 불러 시선을 다른 데로 돌리도록 한다. 짖은 후에라도 '이쪽 봐!' '저게 뭐지?' 하고 관심을 다른 데로 돌리게 한다.

18 발톱 손질법

발톱이 안으로 말려들어가 천에 걸릴 정도로 자라면, 강아지 전용 발톱 깎기로 혈관 직전까지 잘라준다. 운동량이 많고 아스팔트 위를 장시간 걷는 중대형견은 저절로 발톱이 닳아 짧아진다. 그럴 땐 지면에 닿지 않는 엄지발톱만 잘라주면 된다.

발톱깎기의 종류

니퍼식
중대형견용. 단단한 발톱도 한 번에 자를 수 있다. 잘게 자르기 힘들므로 소형견은 위험. 초보자는 다루기 힘들다.

길로틴(guillotine, 단두대)식
위에서 아래로 일직선으로 발톱을 자를 수 있으므로 다루기 쉽고 모든 견종에 적합. 애견의 크기에 맞추어 사이즈를 선택한다.

가위식
소형견이나, 니퍼식 또는 길로틴식으로 자른 발톱을 정돈할 때 사용한다. 세심한 작업이 가능하여 안전하지만, 절단력은 조금 약한 편이다.

줄
발톱을 깎은 후에 가볍게 절단면을 갈아 매끄럽게 한다. 걸림 현상이 없어져 다치는 것을 예방할 수 있다. 애견이 발톱 자르는 것을 싫어하면 억지로 할 필요는 없다.

검은 발톱은 혈관이 보이지 않으므로 주의해야 한다. 피가 나면 당황하지 말고 압박하여 지혈해준다.

이 부분을 자른다

19 목욕시키는 법

샴푸는 한 달에 한 번으로 OK!

피부병 치료 등의 특별한 이유가 없는 한, 샴푸는 한 달에 1~2회로 충분하다. 너무 자주 하면 오히려 피부 트러블이 생길 수 있다. 개는 피부가 약해 상처받기 쉬우므로 브러시 등은 사용하지 말고 손으로 부드럽게 씻겨 준다. 털이 길어 잘 엉키는 견종은 무리하게 집에서 씻기지 말고 전문가에게 맡기는 것이 안전하다.

잘 헹구지 않으면 피부염의 원인이 된다. 샴푸 한 후에는 잘 헹구어준다.

드라이 시에는 항상 온도를 확인하면서 말려 준다.

견용 샴푸의 종류

견용 샴푸도 종류가 다양한데, 애견의 건강상태나 견종, 털 길이에 따라 적합한 것을 선택한다. 피부가 약하거나 피부질환이 있는 경우에는 동물병원에서 상담해 증상에 맞는 약용 샴푸를 처방받아, 설명서에 따라 사용한다.

일반 샴푸	저자극 샴푸	약용 샴푸	살균 샴푸
피부 상태가 건강하다면 일반 샴푸를 사용해도 괜찮다. 단 일반 샴푸는 털을 깨끗이 하고, 윤기를 주는 것이 목적이므로 피부가 거친 경우에는 염증을 일으킬 수도 있다.	자극적인 성분을 빼고 천연 유래의 성분을 주체로 한 샴푸를 말한다. 건강한 개나, 피부병이 완치된 개에게 사용 권장. 샴푸만으로 피부병을 치료하지는 못하므로 주의한다.	그때그때 견종이나 증상에 맞추어 선택할 수 있으므로 최근 인기를 끄는 샴푸. 종류가 많으므로 설명서를 잘 읽고 본인의 애견과 맞는 것을 사용해야 한다.	피부염 원인균의 성장을 억제하여 증상 개선을 목적으로 쓰는 샴푸. 단 자극이 너무 강하면 오히려 증상이 악화할 수도 있으므로 사용량이나 사용 횟수를 충분히 숙지한 후 사용한다.

일상의 행동 **10**
→ P32

일상생활에서 보내는
애견의 사인
30

병을 암시할 때 **20**
→ P38

일상적으로 하는 행동에는 어떤 의미가 있을까?
일상의 행동 10

개와 살다보면 애견이 무엇을 생각하고 있는지, 무엇을 말하고 싶은지 알 수 있게 된다. 애견이 보이는 사인을 잘 감지하여 서로의 의사소통에 충실하도록 하자.

일상적인 행동 01 눈을 맞추려고 한다

주인과 눈을 맞추는 것은 '좋아해요, 여기 봐주세요!' 하는 신뢰의 증거이다. '기다려!' '앉아!' 등을 말할 때나, 혼낼 때도 눈을 보고 한다. 개가 반성할 때는 '잘못했어요' 하는 듯이 겸연쩍게 눈길을 돌린다. 단 모르는 개와 눈을 맞추려는 것은 위협, 도발의 표시이다.

무언가를 말하고 싶을 때 개는 주인을 올려다본다. 위협 외에는 시선을 잘 맞추지 않는 야생동물에겐 없는 행동.

일상적인 행동 02 슬픈 듯 있으면 다가온다

개는 인간이 '슬퍼하는 이유'를 이해하지 못한다. 하지만 주인의 모습이 여느 때와 다를 때는 민감하게 살피며, '왜 그래요, 평상시와 달라요, 무슨 일 있어요?' 하고 말하듯이 다가간다. 보통 동물은 평소와 다른 상황에는 겁 먹고 가지 않지만, 개는 주인을 신뢰하므로 다가가는 것이다.

당신이 어떤 기분이든, 설령 어떤 상황이 일어나도 '무슨 일 있어요?' 하고 곁에 다가간다.

일상적인 행동 03

이것저것 냄새를 맡는다

산책 중에 보는 것마다 쿵쿵하고 냄새를 맡는다

개는 취각에 의존하는 동물이므로 흥미 있는 것은 냄새를 맡아 확인한다. 지면 냄새를 맡아 보고 '이제 됐어!' 하고 다른 곳으로 가는 것은 극히 평범한 행동이다. 장시간 계속해서 냄새를 맡고 우왕좌왕 불안해할 때는 스트레스일 가능성이 있다.

눈에 들어온 것은 일단 냄새를 맡아 확인하고, 다른 곳으로 가는 것이 보통이다.

개들이 서로 엉덩이 냄새를 맡는다

개는 항문 옆에 있는 항문선에서 개체별 냄새를 발산한다. 개들이 서로 엉덩이 냄새를 맡아 '연령? 성별? 아는 개인지 아닌지?' 등을 확인한다. 얼굴 부근의 냄새를 맡은 후에 엉덩이 냄새를 맡고, 서로 코를 맞대는 개 특유의 매너가 있다. 개들 간의 교류를 모르는 개가 느닷없이 코를 맞대면 싸움이 일어나는 경우도 있다.

기질이 약하거나 개를 싫어하거나, 혹은 친구들과의 교류에 익숙하지 않은 개는 엉덩이를 내려 자신의 냄새를 맡지 못하도록 하는 경우도 있다.

주인의 손 냄새를 맡는다

주인의 냄새를 맡는 것은 '정말로 가족인가?'를 확인하기 위해서이며, 순종적인 마음의 표현이기도 하다. 특히 마중 나온 개는 수시로 가족들의 냄새를 맡아 '아빠, 엄마, 동생' 하고 개인을 특정 짓는다. 또 평상시와 모습이 다르거나 외출에서 돌아온 주인을 '우리 주인 맞나?' 하고 확인하는 동작이기도 하다.

외출에서 돌아오면 바로 달려드는 개는 일단 앉히고 나서 냄새를 맡도록 하면 안심하고 조용해진다.

일상적인 행동 04

꼬리를 흔든다

위쪽으로 꼬리를 흔든다

꼬리는 개의 감정을 나타내는 척도. 꼬리가 위를 향할 때는 기분 좋고 자신감에 넘칠 때다. 대개는 우호적 표현이지만, 이빨을 드러내고 으르렁거리며 위쪽으로 흔들 때는 '한번 해보자는 거야!' 하는 전투적 상태다. 다른 개가 그런 표정이나 분위기를 보일 때는 주의한다.

크게 천천히 흔든다

안정된 상태. '어, 무슨 일 있어?' '오늘 좋은 날이야!' '왠지 행복해~' 하는 기분을 표현한다.

작게 살랑살랑 흔든다

흥분되어 '너무 좋아, 최고야!' 하는 기쁨을 표현. 주인이 귀가했을 때, 좋아하는 사람이나 친구를 만났을 때 흔히 볼 수 있는 모습.

아래를 향해 꼬리를 흔든다

꼬리가 아래로 내려가 있는 것은 경계를 뜻한다. 단 집안에서 꼬리를 내리고 있는 경우는 왠지 모르게 기분이 안 좋거나 나른하기 때문일 수도 있다. 이름을 불렀을 때 꼬리를 내리고 있는 경우는 '왔어요~?' 하고 나른하게 대응하고 있는 것이다.

꼬리 방향이나 움직임과 함께 표정을 본다. 그 조합에 따라서 의미가 달라지는 경우도 있다.

꼬리가 뒷다리 사이에 들어가 있다

공포를 느끼면 개는 꼬리를 뒷다리 사이로 감추고 엉거주춤한 자세를 취한다. 상당히 겁먹고 있는 때이므로 공포의 대상을 없앤다. 또 이 자세로 짖는 것은 '왜 이래, 가까이 오지 마, 물어버릴 거야!' 하는 표시이다. 무리하게 가까이 가거나 손을 내밀거나 하면 물릴 확률이 높으므로 주의한다.

꼬리를 감추고 몸을 동그랗게 만다

공포를 느꼈을 때, 도저히 이길 수 없는 상대를 만났을 때 꼬리를 동그랗게 말아 감춘다.

꼬리를 축 늘어뜨리고 있다

늘 팽팽하게 꼬리를 세우고 있던 개가 축 늘어뜨리고 있을 때는 컨디션이 나빠서일 수도 있다. 또 노령견이면 꼬리를 내리기 마련.

일상적인 행동

05 귀를 움직인다

귀를 쫑긋 세우고 있다
벌레의 날갯짓 소리 등 사람이 감지하지 못하는 소리도 개는 듣는다. 개가 귀를 쫑긋 세우고 한 곳을 응시하고 있을 때는 그런 소리를 들었을 때다.

귀를 앞쪽으로 기울이고 있다
귀를 앞쪽으로 기울이고 있는 것은 위협할 때다. 자신을 크고 강하게 보이게 하는 효과도 있다.

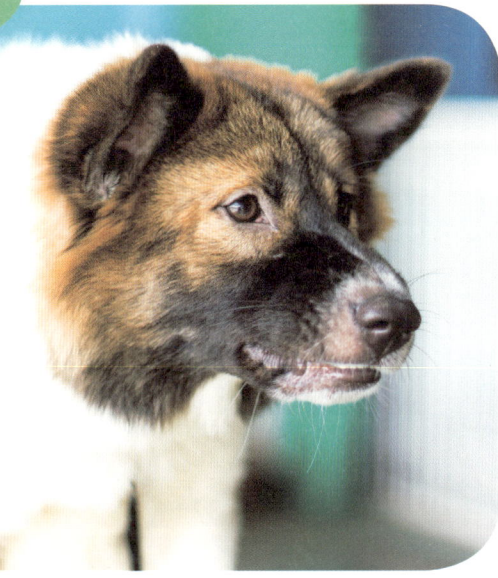

주목

위협

귀를 세우고 있다

귀를 쫑긋 세우고 있는 것은 주위를 살피고 있다는 뜻이다. 이상한 소리가 나는 방향으로 귀를 움직여 소리의 정체를 찾고 있는 중. 귀가 처진 개는 귀밑 부분이 팽팽하게 서 있는지를 확인한다. 자면서 귀만 소리 나는 쪽을 향하는 경우도 흔히 있다.

귀를 내리고 있다

귀를 눕히고 꼬리를 흔들면서 달려오는 것은 '같이 놀자!' 라는 표현이다. 뒤쪽으로 귀를 눕히고 아래에서 파고든다. 눕힌 귀를 좌우로 펼치고 으르렁거리는 것은 경계, 위협, 공포의 표시이다. 심기가 불편하다는 뜻이므로 그냥 내버려 둔다.

귀가 뒤로 젖혀져 있다
머리 전체가 평평해지고, 마치 '쓰다듬어 달라'는 듯이 기분이 업 된 상태입니다.

우호

귀가 좌우로 펼쳐져 있다
귀를 좌우로 펼치고 이빨을 드러내는 것은 전투자세이다. 개들이 서로 이런 표정을 보이면 바로 떨어뜨려 놓지 않으면 큰 싸움으로 번진다.

불편

06 주인의 입을 핥는다

입뿐만 아니라, 얼굴이나 손 등을 핥는 것은 복종의 증거. '주인인 당신만을 따르겠다'는 의미인데, 응석둥이 강아지나 암컷이 자주 보이는 행동이다. 독립심이 왕성한 수컷이나 기질이 강한 개는 사람을 핥는 행동을 잘 하지 않는다. 그렇다고 주인을 인정하지 않는 것은 아니므로 안심해도 된다.

친애를 표현하기 위해 흔히 핥기 마련인데, 되도록 손을 핥도록 하는 것이 가장 좋다. 그 후에는 잘 씻는다.

07 입을 벌리고 이빨을 드러낸다

크게 입을 벌리고 이빨을 드러내는 것은 '좋아, 물어주지!' 하고 위협하는 자세이다. 코를 찡그리며 으르렁거릴 때보다는 심각하지 않지만, 무시하고 놀리면 물린다. 아이들에게는 위험하다.

엄마 개가 아이를 야단칠 때도 볼 수 있는 표정이다.
'좀 착하게 굴 수 없니! 엄마가 진짜 화났거든!' 하는
정도가 아닐까!

08 배를 보인다

일반적으로는 상대에게 졌음을 인정하는 자세인데, 사람만 보면 무조건 배를 보이는 개는 '상대해 달라'라는 뜻이다. '저기 여기 좀 봐줘요! 쓰다듬어 주세요!' 하고 배를 만져줄 때까지 같은 자세로 어필한다. 그럴 때는 배를 가볍게 어루만져 주면 만족해한다.

'배를 보이는 개=패자'가 아니다. 주목받고 싶은 자기현시욕이 강한 개도 배를 보인다. 그런 경우 어루만져 줄 때까지 그 자세로 버티는 것이 특징이다.

09 고개를 갸웃한다

뭔가 곰곰이 생각하고 있는 것 같지만, 실은 그렇게까지 깊은 뜻은 없다. 개는 사소한 것에는 신경 쓰지 않는다.

사람과 마찬가지로 개 역시 '뭐지?' 하고 생각할 때 고개를 갸웃거리며 시각·청각을 통해서 정보를 입수하려고 한다. 말을 했는데, 고개를 갸웃거리면 '무슨 말을 하긴 했는데 잘 모르겠다, 뭐지?' 하고 생각하는 중이다. 또 낯선 동물 등을 봤을 때나 TV 화면이 바뀌었을 때도 '뭐지?' 하고 갸웃거린다. 하지만 방금 한 생각도 곧 잊어버리는 것이 개의 특징이다.

10 앞다리를 얹는다

주인의 몸에 다리를 얹고 긁는 것은 대부분 무언가를 요구할 때다. '있잖아요!' 하고 주인의 주의를 끌고 싶다거나, 가족이 식사 중이면 '나한테도 조금 주세요!' 하는 표현이다. 또 불안감을 느낄 때는 앞다리를 살짝 주인의 몸에 얹는데, 안정을 취하는 동작인 듯하다.

앞다리를 얹는 것은 엄마가 젖을 물릴 때 앞다리로 젖을 잡던 습관이 남아 있어 그렇다고도 한다. 어리광을 부리고 싶을 때도 흔히 하는 동작이다.

'이상한데?' 생각되면 바로 대응을!
질병 암시 신호 20

애견이 여느 때와 다른 행동을 하고 있다면, 어쩌면 몸 상태가 좋지 않거나 질병 때문일지도 모른다. 평소 애견의 모습을 잘 살피고, 이상하다고 생각되면 바로 동물병원에 데려간다. 건강하게 오래 살기 위한 비결이다.

질병 암시 신호 01
계속해서 운다

'아파, 아파'하고 소란을 피우는 것은 인간뿐이다. 개가 계속해서 비통한 소리를 내는 것은 정신적인 원인이 대부분이다.

생각해볼 수 있는 원인

- **어린 강아지**
  - 외롭다
  - 부모나 형제가 그립다

- **성견**
  - 운동 부족으로 불안해한다
  - 스트레스

- **노견**
  - 치매
  - 스트레스

돌발적으로 우는 것은 통증이나 가려움에 의한 것이지만, 계속해서 울면 정신적인 원인을 생각해볼 수 있다. 노견의 경우에는 치매 가능성도 있다. 애견의 생활 환경을 다시 점검해보자. 또 개는 어딘가가 아프면 울지 않고 웅크리고 견디는 동물이다.

의심되는 질병: 스트레스성 질환, 노견의 치매

질병 암시 신호 02
식욕이 없다

대부분 개는 컨디션이 좋지 않아도 밥은 잘 먹는다. 식욕이 없다거나, 좋아하는 것을 못 먹는 것은 몸 상태가 상당히 좋지 않다는 증거. 바로 병원에 데리고 가서 진료받는다. 내장질환 외에 부상이나 입속에 문제가 있는 등 다양한 원인을 추측할 수 있다.

작은 강아지 중에는 매우 드물게 식사량이 적은 개도 있지만, 항상 먹는 양을 파악하여 식사량을 확인한다.

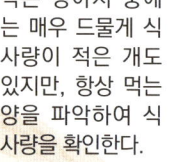

의심되는 질병: 내장질환, 전염병, 부상 등

질병 암시 신호 03

다리를 질질 끈다

다리를 질질 끌다가 몇 분, 몇 시간 내에 본래대로 돌아오면, 사람이 '다리를 부딪쳐 좀 아파!' 하는 정도이므로 필요 이상으로 염려하지 않아도 된다. 다음 날이 되어도 질질 끌거나 자주 그러면 관절염 등의 문제를 추측해 볼 수 있다. 만지면 몹시 아파하며 운다면 골절이나 염좌(捻挫)일 수 있으므로 바로 병원에 데리고 간다.

평소에 걷는 모습을 잘 체크해두고 이상이 있을 때 신속히 알아차리도록 한다.

의심되는 질병: 관절염, 부종, 골절 등

질병 암시 신호 04

갑자기 엉덩이를 빼고 구부정한 자세를 한다

가장 큰 원인은 추간판 헤르니아. 방치하면 마비를 일으킬 가능성이 높은 질병이다. 닥스훈트, 코기 등 헤르니아에 걸리기 쉬운 견종이 구부정한 자세를 취하면 조심해서 바로 병원으로 간다. 응급처치가 빠르면 반신불수를 면할 수 있다. 또 항문선에 문제가 있으면 허리가 구부정해지는 경우도 있다.

추간판 헤르니아의 경우 뒷다리 힘이 빠진 것처럼 비틀거린다. 힘겹게 버티는 것 같으면 다른 원인을 생각할 수 있다.

의심되는 질병: 추간판 헤르니아, 항문선 트러블 등

질병 암시 신호 05

산책을 싫어한다

좋아하는 산책을 가지 않으려는 것은 컨디션이 좋지 않다는 증거이다. 내장질환으로 나빠져 움직이기 싫거나, 다쳐서 다리가 아플 수도 있다. 또 노견이 되면 무기력해지기 십상이므로 좋아하던 산책을 싫어하거나 평상시보다 빨리 마치기도 한다. 검사를 해서 문제가 없으면 개의 의사를 존중해준다.

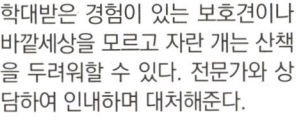

학대받은 경험이 있는 보호견이나 바깥세상을 모르고 자란 개는 산책을 두려워할 수 있다. 전문가와 상담하여 인내하며 대처해준다.

의심되는 질병: 내장질환, 부상, 노견 특유의 무기력감 등

질병 암시 신호 06
몸 만지는 것을 싫어한다

만졌을 때 깨갱 소리를 내면 몸 어딘가 아프다는 신호. 노견의 경우 치매가 진행되면 주인과 다른 사람을 잘 구별하지 못하므로, 갑자기 만지면 '당신 누구?' 하고 놀란다. 특히 젊을 때 예민했던 개에게 많은 증상이다. 만질 때는 먼저 말을 걸거나 손 냄새를 맡게 하면서 천천히 다가간다.

만졌을 때 통증을 호소하면 그 부분이 어디인지, 겁먹은 모습인지 등을 수의사와 상담하여 치료한다.

의심되는 질병 통증을 수반한 질병, 골절, 부상 전반, 치매 등

질병 암시 신호 07
다리로 얼굴을 긁으려 한다

얼굴에 선명하게 흔적이 있는 외에도 귀나 입속에 겉으로 드러나지 않은 알레르기가 있는 경우도 있다.

뒷다리로 얼굴 부근을 긁는 것은 귀가 가려워서일 수도 있는데, 귀 청소를 하면 낫는 경우도 있다. 앞다리로 얼굴을 긁는 것은 대부분 눈이나 눈 주위가 가려운 경우이다. 입이나 이빨에 불쾌감이 있을 수도 있다. 너무 자주 긁으면 병원 검사를 받는다.

의심되는 질병 외이염 등 귀의 트러블, 눈의 불쾌감, 치주병 등

질병 암시 신호 08
몸을 땅에 문지른다

단시간이라면 그냥 뒹굴면서 노는 것일 수도. 문지르면서 우는 소리를 내면 상당히 가려움증이 심한 것이다.

등이 가려우면 몸을 땅바닥에 문지른다. 등의 피부를 체크하여 붉은 곳이나 습진은 없는지, 쥐벼룩 등은 없는지 체크한다. 지면 외에도 기둥 등에 기대앉은 자세로 문지르는 경우도 있다.

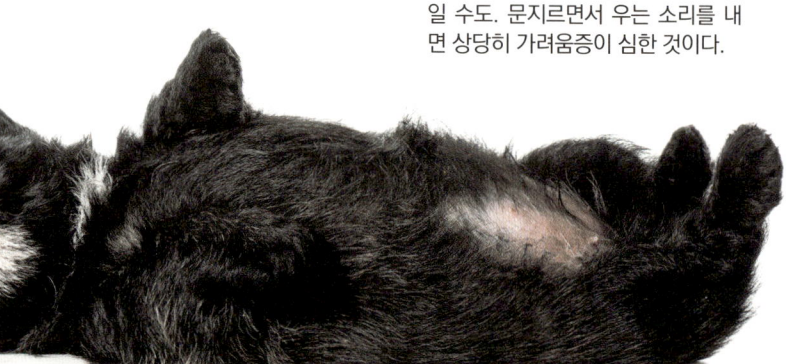

의심되는 질병 피부염, 기생충 등

개의 알레르기 대책

원인불명의 가려움이나 피부염이 좀처럼 낫지 않는 경우는 알레르기일 가능성이 크다. 가려움 방지 주사나 바르는 연고 등의 치료법 외에 주변에서 알레르겐을 제거하지 않으면 낫지 않는다. 알레르겐은 사람과 마찬가지로 병원에서 혈액 검사가 가능하지만, 특정하지 못하는 경우도 간혹 있으므로 일단 주변을 청결히 해준다.

시판하는 알레르기 대응식이 편리하지만 알레르겐이 여럿 있는 경우는 식사를 직접 만들어 줄 필요가 있다.

유제품

알레르겐이 되기 쉬운 식재료

달걀, 유제품, 어패류에 알레르기 반응을 일으키는 개가 많은데, 정확한 특정은 검사를 해야 알 수 있다. 시판하는 알레르기 대응 푸드를 주면 역효과가 날 수도 있으므로 주의한다. 음식물에 대한 알레르기 반응으로 피부염 외에 설사를 하는 개도 있다.

옥수수

대두

보리

 소고기

 달걀 / 닭고기

알레르겐이 되기 쉬운 것

몸에 착용하거나 닿는 것에 알레르기 반응이 있는 개도 있다. 접촉성 알레르기는 대부분 피부염을 일으키는데, 재채기나 기침이 멈추지 않는 개도 있다. 알레르겐이 특정되면 주변에 두지 않도록 하고 목줄이나 깔개, 장난감 등도 유의한다.

목줄이나 옷

집 먼지

담요

카펫

 소파, 쿠션

 왁스 / 플라스틱 등의 식기

질병 암시 신호 09 — 잦은 기침

오래 가는 기침은 기관지 질환, 폐 질환, 심장 질환 등을 의심할 수 있다. 진찰받을 때는 언제 기침을 하는지, 마른기침인지 가래가 섞인 기침인지 등을 가능한 자세하게 수의사에게 알린다. 전염병인 켄넬코프(개 파라인플루엔자)는 백신을 맞으면 대부분 낫는다.

개도 숨이 막히거나 목이 따끔거리는 경우가 있다. 심하게 기침해도 바로 멈추면 염려할 필요는 없다.

의심되는 질병: 기관허탈, 폐부종, 폐암, 심장 질환 등

질병 암시 신호 10 — 피 같은 것을 토한다

혈관은 호스 같은 구조가 아니라, 가는 세포가 그물망 구조로 되어 있다. 어떤 트러블로 인해 그 그물망이 허물어지면 혈액이 새어나와 피나, 피 섞인 가래를 토할 수 있다. 원인으로 심장 질환, 폐 질환이나 열중증 등을 생각할 수 있다.

의심되는 질병: 심장 질환, 폐 질환, 열중증 등

선혈이 아닌 검붉은 피나 붉은 기를 띠는 침 같은 것을 토하는 경우도 있는데, 이것도 혈액이다.

건강한 개는 개 특유의 냄새가 난다. 평소에 맡아 두고 미묘한 변화에도 바로 알아차릴 수 있도록 한다.

질병 암시 신호 11 — 체취가 강해진다

생후 6개월을 넘어 사춘기에 접어들면 체취가 성견과 비슷하게 바뀌는 경우가 있다. '개 냄새'라는 표현이 있는데, 맡아보고 불쾌감이 없으면 문제없다. 코를 찌르는 듯한 냄새가 나면 피부에 문제가 있는 것이므로 평소 애견의 냄새를 점검해둔다.

의심되는 질병: 피부병

질병 암시 신호 12 — 귀에서 냄새가 난다

체취와 마찬가지로 코를 찌르는 듯한 불쾌한 냄새는 귀에 이상 증상이 있는 것으로, 매우 간지러울 것이다. 특히 귀가 처진 개는 습기가 차 귀 질병에 잘 걸리고, 냄새가 나기 쉬우므로 자주 귀 청소를 해주고 냄새를 체크한다.

의심되는 질병: 외이염, 중이염 등

귀가 처진 개는 정기적으로 동물병원에서 귀 검사를 하고, 트리머에게 맡겨 귓속 털을 제거하거나 잘라준다.

13 입 냄새가 심해졌다

치석이 쌓여 치주병이 생겼을 가능성이 크다. 평소 양치질 외에, 부드러운 먹이를 적게 주면 예방할 수 있다. 입속을 체크하여 냄새가 심하고 치아와 잇몸에 누런 치석이 심하게 끼어 있으면 동물병원에서 스케일링을 받도록 한다.

의심되는 질병: 잇몸 염증, 치조농루, 구내염 등

스케일링은 초음파로 치석을 제거하는 방법으로 시술 시에는 전신마취가 필요하다.

정기적인 양치질과 함께 자주 입속을 점검하면 구취를 상당히 예방할 수 있다.

14 피부에 사마귀가 생겼다

노견이 되면 몸에 사마귀가 잘 생긴다. 유두처럼 피부색과 비슷한 사마귀가 볼록하게 생긴 것은 유두종이라는 양성 사마귀인데, 정확한 것은 수의사의 진단을 받아야 알 수 있으므로 아마추어적 진단은 금물. 색이 짙거나 커지는 것은 악성일 가능성이 커 수술이 필요하다.

의심되는 질병: 양성종양(유두종), 악성종양(비만세포종 등)

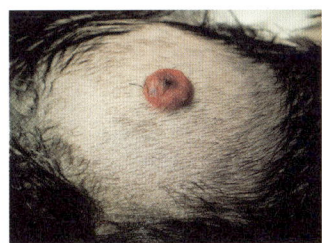

비만세포종은 진행과 침윤이 빨라 수술해도 제거되지 않는 경우가 있다.

15 피부가 붉게 짓물러 있다

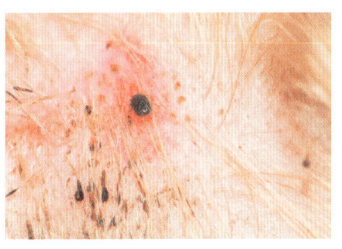

가려워할 때는 동물병원에서 주사나 바르는 연고 및 먹는 약을 처방받는다.

피부염 외에 벌레 물림, 알레르기 등 짓무름의 원인은 다양하므로 왜 짓물렀는지를 알아야 한다. 또 해수로 인해 피부가 짓무르는 경우도 있으므로 바닷물에 들어갔다 나온 후에는 물로 잘 헹구어 주고, 귀가하면 신속하게 샴푸 해야 한다.

의심되는 질병: 피부염, 벌레 물림, 알레르기 등

16 눈곱이 낀다

눈의 염증, 감염증의 가능성이 높다. 속눈썹이 긴 비글이나 스페니얼 계, 눈이 튀어나온 퍼그나 시츄, 불독 계는 눈을 다치기 쉬우므로 함부로 풀숲 등에 들어가지 않도록 한다. 안검내반 및 외반의 경우도 눈곱이 많이 낀다.

의심되는 질병: 눈의 염증, 감염증, 안검내반, 안검외반 등

눈물 같은 얇은 눈곱은 그다지 염려하지 않아도 되지만 누런 눈곱은 주의가 필요하다. 때로는 눈 안쪽에 염증이 생긴 경우도 있다. 눈은 예민한 부위이므로 신속하게 수의사와 상담한다.

질병 암시 신호 17 오줌 냄새가 달라졌다

건강한 오줌은 맑고 옅은 노란색이고, 배뇨 직후는 냄새가 별로 안 난다. 단, 물 섭취량이나 음식물 등의 영향을 받기 쉬우므로 1~2회 정도는 경과를 지켜본다. 혈뇨 등의 이상 증세가 여러 날 지속되면 병원에 데려간다.

오줌의 체크 포인트	예상되는 원인
색이 옅다	물을 과하게 마셔서/ 신장의 오줌 생성이 많아
색이 노랗다	물이 부족하다/ 황달이 있다/ 비타민제의 영향 때문
색이 붉다	혈뇨/ 혈색소뇨
색이 짙은 갈색	신장에서부터 방광 어딘가에 출혈이 일어난 지 시간이 조금 지난 상태
탁하다	잡균의 번식/ 알갱이 형태의 요 결석/ 염증으로 인해 단백 산물이 섞여 있다
썩은 냄새가 난다	잡균의 번식 때문
오줌발이 약하다	결석이나 종양으로 요로가 막혀 있다
소량씩 자주 싼다	방광염

질병 암시 신호 18 설사가 계속된다

소화불량, 식중독, 기생충, 장 질환 등 설사에는 다양한 원인이 있다. 한 끼 굶거나, 식사량을 극히 소량으로 줄여서 나으면 단순히 과식에 의한 것. 설사가 계속되면 탈수 증상이 올 수 있으니 신속하게 적절한 치료를 받는다.

변의 체크 포인트	예상되는 원인
색이 옅다	설사처럼 수분이 많다/ 담즙이 충분히 나오지 않는다
색이 갈색이다	음식물의 변화
색이 검다	위에서 소장 등 소화관의 상류에서 출혈이 있다/ 철분이 많은 식사의 영향
색이 새빨갛다	대장에서 항문 등 소화관의 하류에서 출혈이 있다
지나치게 딱딱하다	수분 부족/ 변비로 대장에 오래 머물러 있었다
설사	장의 트러블
배뇨에 시간이 걸린다	설사나 변비 둘 중 하나로 볼 수 있지만, 대장 종양의 가능성도 있다

질병 암시 신호 19 왠지 무기력하다

노견이 되면 기력이 쇠퇴하여 산책에 대한 의욕이 떨어지기도 한다. 이것은 노화현상이므로 어쩔 수 없지만, 7세 이하의 젊은 개가 이런 증상을 보이면 내장질환을 의심할 수 있다. 내장질환 때문에 몸이 나른해져 움직이기 싫을 수도 있는데, 그런 경우는 상당히 중증이므로 신속하게 동물병원에서 원인을 밝혀 치료하도록 한다.

7세 이하의 젊은 개가 산책도 가지 않고 '움직이기 싫다'며 누워있는 것은 상당한 중증이다.

의심되는 질병: 노화, 내장질환 등

질병 암시 신호 20 갑자기 난폭해졌다

생후 6개월 무렵이면, 개도 '자신'과 '상대방'을 구별하는 자아가 생긴다. 이때 타고난 기질이 난폭한 개는 무리의 보스가 되려 하는 경우도 있다. 이런 개에게는 보스인지 아닌지를 확실하게 알게 해줄 필요가 있다. 또 노견이 치매에 걸리면 갑자기 난폭해질 수 있다.

의심되는 질병: 권세증후군(알파증후군), 치매 등

인기 견종의 무질서한 번식으로 인해 천성적으로 사나운 개체가 나오는 일도 있다. 그런 경우는 전문가와 상담하여 확실히 교육을 시킨다.

여러 가지 문제 대처 **15**
→ P46

이럴 땐 어떻게 하지?
비상시 냉정하게 대처하는 지식 25

예방과 케어 **10**
→ P52

이럴 때는 어떻게 하면 좋을까?
여러 가지 문제 대처 15

개와 살다보면 아무리 조심해도 사건이 생기기 마련이니 방심하면 안된다. 비상시에 당황해서 오히려 피해를 키우지 않도록 올바른 지식을 습득해 두자.

문제 대처 1

먹지 말아야 할 것을 먹었다!

개에게 사람이 먹는 음식을 주어서는 안 된다는 것은 견주의 상식. 사람의 음식물은 보이지 않도록 수납장이나 선반에 잘 넣어둔다. 만일 개가 좋지 않은 것을 먹은 경우, 소량이라면 상태를 지켜보고 만약 설사나 구토를 하면 동물병원에서 적절한 치료를 받도록 한다.

개가 좋아하는 과자라도 눈에 띄는 곳에 두지 않는다. 포장 비닐을 먹는 경우도 있다.

개가 먹지 말아야 할 것

파 종류
파, 양파, 마늘, 부추 등 파 종류는 적혈구를 파괴하여 혈변이나 설사를 일으킨다. 익힌 것도 NO!

자일리톨
간장에 독성이 있어 적은 양으로도 죽음에 이를 수 있다. 과자에도 사용되는 감미료이지만, 절대로 주면 안된다.

말린 과일류
말린 과일이나 버섯 등을 먹으면 위 속에서 불어나 위 확장을 일으킨다. 심한 구토가 일어날 위험도 있다.

건포도
당분이 많고 맛이 강하기 때문에 위염을 일으키기 쉬운 음식물. 또 신장에도 독성이 있다.

닭뼈나 생선뼈
닭뼈는 깨물면 날카롭게 부서져 식도나 위를 다치게 할 위험이 크다. 생선뼈도 식도를 다치기 쉽다.

문제 대처 2
개가 **장난감**을 **삼켰다**!

개가 장난감 등을 삼켰을 때는 변과 함께 나오기를 기다리거나, 아니면 개복수술을 하는 수밖에 없다. 작은 것을 삼켰다면 다음 날 변에 섞여 있는지 확인하고, 보이지 않으면 병원에서 엑스레이를 찍고 수의사의 지시에 따른다.

이런 것은 삼키지 않도록 주의!
● 담배
● 약
● 과자나 과자봉지
● 관엽식물
● 나사나 단추 등 작은 것
● 장난감 파편
● 벌레퇴치용 패치

큰 것을 삼켰을 때 신속하게 토해내지 않으면 장폐색을 일으킬 위험이 있다. 독성이 있는 것, 약, 담배 등은 바로 병원으로 간다.

문제 대처 3
세제를 먹었다!

바닥에 쏟아진 세제나 화장품을 소량 먹은 정도는 괜찮다. 맛이 없는 걸 게걸스럽게 먹는 개는 없을 것이다. 켁켁거리면 물을 마시게 해주고, 걱정되면 무엇을 얼마나 먹었는지 수의사에게 말하고 처방 받는다. 물론 먹지 않는 게 가장 좋으니 잘 관리하자.

'유아의 손에 닿지 않는 곳에'라고 표기되어 있는 물건은 개에게도 좋지 않으므로 접하지 않도록 주의한다.

문제 대처 4
이빨이 **빠져** 버렸다!

빠진 이빨을 삼켜도 변과 함께 나오므로 괜찮다. 유치라면 그냥 두어도 되지만, 치조농루로 인해 이빨이 빠진 경우는 입속을 잘 살펴보고 출혈이 있는지를 확인한다. 어떻게 빠졌는가에 따라 출혈이 많거나 피가 멈추지 않을 수도 있으니, 그런 때는 병원에서 지혈할 필요가 있다.

문제 대처 5
독충에게 쏘였다!

심하게 붓거나 계속 아파하면 병원에 간다. 벌레의 종류를 알면 좋지만, 쏘인 후 알아차리는 경우가 대부분. 병원에서는 부기 방지나 통증 완화, 가려움 방지 등의 치료법을 쓴다. 특히 봄 여름에는 벌레가 많은 장소는 피한다.

싸움이나 물어 당기다가 이빨이 빠지는 경우도 있다. 그런 경우도 부러진 이빨이 남아 있는지, 출혈의 유무를 확인해야 한다.

벌, 모충, 지네에게 쏘이는 경우가 많다. 침이 남아 있으면 병원에서 빼도록 한다.

문제 대처 6 — 다른 개에게 물렸다!

싸우다가 상대 개에게 물렸으면 우선 연락처를 교환하고, 어떻게 할지 의논한다. 상처가 가벼우면 사과만으로 끝나지만, 그렇지 않을 땐 치료비 분담 등을 결정할 필요가 있다. 개가 사람을 물었을 때는 어떤 이유든 개와 견주가 책임을 져야 하므로 방어 면에서도 주의해야 한다.

주의해야 할 부분!

개들이 싸우다 옆구리 근골 부근에 상처를 입은 때는 조심해야 한다. 흉강까지 상처가 깊으면 화농으로 호흡 곤란이 올 수 있기 때문이다.

상처를 입은 경우, 치료법을 두고 옥신각신하기 마련. 어떻게 처리할 것인지 잘 의논한다.

문제 대처 7 — 벼룩이 있다!

벼룩 예방약은 목에 매다는 타입, 마시는 타입 모두 효과가 높다. 효과를 더욱 높이려면 두 가지를 동시에 사용해도 좋다.

벼룩, 진드기에게 물리지 않는 예방약이 있다. 목에 매다는 타입, 마시는 타입 중 수의사와 상담해 적절히 사용한다. 벼룩이 있으면 먼저 벼룩 제거용 빗으로 대충 제거하고, 샴푸를 한 후에 예방약을 사용하면 된다.

약이 효과를 발휘하려면 2~3일 정도 시간이 걸린다. 겨울에도 볕 좋은 공터에서 자주 산책하는 경우, 매년 투여하는 것이 현명하다.

문제 대처 8 — 진드기가 있다!

진드기는 머리나 발가락 사이에 붙어 있는 경우가 많다. 풀숲에 들어간 후에는 점검한다.

진드기가 물고 있는 것이 보이면 손가락으로 살짝 잡아 천천히 빼준다. 갑자기 빼면 이빨 부위가 피부에 남아 염증을 일으키므로 주의한다. 진드기를 제거한 후 동물병원에 가면 이빨 부위가 남아 있는지 확인할 수 있다.

문제 대처 9 — 높은 곳에서 떨어졌다!

일단 높은 곳에는 올라가지 않아야 하지만, 계단에서 굴러 떨어지거나 의자나 단차가 있는 곳에서 뛰어내리다 다칠 수도 있다. 아파하다가도 바로 일어나면 괜찮겠지만, 주저앉아 있거나 다리를 질질 끌거나 하면 바로 병원에 데려간다.

자연과 접할 때는 벼룩이나 진드기에 조심!

적어도 들판에 나가기 일주일 전에는 예방약을 사용한다. 풀숲에는 벌레가 많으므로 목에 매다는 타입과 마시는 타입 둘다 사용하는 것이 좋다. 밖에서 돌아오면 샴푸를 꼼꼼히 해준다. 단 안전면에서 말하자면, 특히 도시에서 자란 개가 산이나 바다에 가는 것은 별로 추천하지 않는다.

문제 대처 10 늘어져 있고 몸이 뜨겁다!

열중증이 의심되면 바로 몸을 식혀준다. 긴급한 상태이므로 물로 배를 적신 상태에서 바로 병원에 가야 살릴 확률이 훨씬 높다. 열중증으로 보이지만 다른 질병일 수도 있으므로 반드시 진찰받는다.

샤워로 식히는 부위

굵은 혈관이 다니는 부위를 식힌다. 몸 전체를 물에 담그면 체온이 지나치게 내려갈 수도 있다.

목 아래
겨드랑이 아래
안쪽 사타구니

체온 측정법

체온계를 항문 2~3cm 안으로 넣어 측정한다. 귀에 대고 측정하는 체온계도 있다. 개의 평균 체온은 38.5~39.5도. 일상적으로 건강관리를 위해 재는 경우라면 괜찮지만, 열중증이 의심될 때는 긴급한 상태이므로 가급적 빨리 병원에 간다.

문제 대처 11 체온이 낮고 떨고 있다

체온이 38도 이하로 떨어지면 저체온증으로 컨디션이 매우 좋지 않은 상태. 따뜻하게 해주고 나서 바로 병원으로 간다. 노견은 체온이 낮아 37.5도 정도인 경우도 있다. 떨림이 없고 식욕이 있다 해도 방치하지 말고 따뜻하게 해준다.

에어컨을 켤 때는 담요 등을 씌워 보온을 해준다.

온열 매트나 핫팩 등도 보온에 도움이 된다. 커버를 잘 씌워 화상을 입지 않도록 주의한다.

문제 대처 12 점프만 했는데 골절되었다?

개는 평지에서 사는 동물이므로 뛰어내리는 입체적 행동에는 몸이 대응하지 못한다. 이탈리안 그레이하운드처럼 다리가 가는 견종은 점프만 해도 양쪽 앞다리가 골절되기도 하는데, 바닥이 고르지 못하거나 착지에 실패한 경우다. 흥분한 나머지 지나치게 높은 곳에서 뛰어내릴 때도 조심해야 한다.

점프는 개의 다리와 허리에 부담을 주는 동작이다. 무모하게 시키면 골절이나 관절 부상, 헤르니아 등의 원인이 된다.

문제 대처 13 발톱이 꺾였다

개의 발톱에는 혈관과 신경이 지나고 있으므로 꺾이면 출혈이 상당히 심하다. 당황하지 말고 티슈나 거즈 등으로 압박하여 지혈한다. 비상시를 대비해 지혈제를 준비해두자. 시간이 지나도 피가 멈추지 않으면 병원에서 치료받는다.

발톱 부상을 막기 위해 평소 짧게 잘라준다. 발톱이 길면 타월이나 매트에 걸리므로 위험하다.

문제 대처 14 밤에 잠을 못 이룬다

입양한지 얼마 안 되는 어린 강아지는 환경 변화에 위축되어 밤새워 우는 경우가 있다. 이럴 땐 환경에 적응하면 좋아진다. 노견으로 치매가 원인인 경우는 배회하는 경우도 있다. 치매에 걸리면 불안감이 강해지므로 안아서 재우면 안심하고 푹 자기도 한다. 사정이 허락하면 곁에서 재우자!

주인과 함께라면 안심하고 잔다. 노견이라면 예절 교육은 잠시 미루어두고 옆에서 재운다.

문제 대처 15
수컷과 교미하고 말았다!

위에 올라탄 상태에서 떼어 놓으면 그나마 다행. 개의 페니스는 투입되면 커져서 단단히 홀드 되므로 합체한 상태에서는 떼어 놓을 수 없다. 그런 경우는 임신 확률이 높은데, 사람처럼 낙태는 기본적으로 불가능. 자궁체를 제거할 수는 있지만 대부분의 견주는 낳는 것을 택한다.

개가 서로 엉덩이를 맞대고 붙어 있을 때는 교미의 클라이맥스. 단단히 홀드되어 있으므로 떨어뜨릴 수 없다.

발정기의 암컷은 도그런에 데리고 가지 말 것과, 새끼를 원하지 않는다면 질병 예방을 겸해서 일찌감치 피임시킬 것을 권한다.

개의 임신과 출산

임신 과정

개의 임신 기간은 약 2개월. 엄마 견에게는 고칼로리, 영양이 좋은 식사를 준다. 교미 후 50~55일 후에 엑스레이를 찍어보면 새끼의 수를 알 수 있다. 출산 시 새끼가 남아 있는지 확인할 수 있고 또 사전에 분양할 사람을 찾을 때도 도움이 된다.

소형견의 출산은 주의!

중대형견이나 일본 견종의 출산은 원활하지만, 치와와나 토이푸들 같은 소형견, 불독처럼 특수한 체형의 견종은 새끼가 산도를 통과하기 힘들어 제왕절개를 하는 경우도 있다. 견종을 불문하고 초산인 경우는 진통 때문에 패닉 상태에 빠지는 경우도 있으므로, 출산 시에는 항상 병원에 연락할 수 있도록 준비한다.

언제까지고 건강하기 위하여
예방과 케어 10

애견이 건강하게 오래 살기 위해서는 질병 예방이 중요하다. 노견이 된 후에도 즐겁게 함께 생활하기 위해서는 애견의 개성에 맞는 케어가 필요. 언제까지고 가족으로 곁에 있을 수 있도록 세심하게 배려해주자.

예방과 케어

1 최근에 살쪘다고 생각되면?

무리하게 산책시키는 것은 NO!

애견이 살이 찐 것 같으면 다이어트를 시킨다. 식사 제한을 메인으로 하고, 지나친 운동은 피한다. 불어난 체중이 다리에 부담을 주므로 관절 손상과 헤르니아의 원인이 된다. 특히 다리가 짧은 닥스훈트나 코기는 살찌기 쉽고 헤르니아가 잘 발병하므로 산책 정도만 시킨다.

살찌기 쉬운 견종, 많이 먹는 개는 식생활에 주의. 거세·피임수술로 호르몬 밸런스를 잃어 살이 잘 찌는 경우도 있다.

다이어트에 좋은 식재료

많이 먹는 개는 식사량을 줄이면 스트레스를 받는다. 저칼로리 채소를 음식에 섞어 양을 부풀리자. 양상추, 양배추, 당근 등을 삶아 잘게 다져준다. 버섯, 곤약은 소화가 안돼 변과 함께 나오므로 기생충으로 착각하기도. 한천을 많이 주면 배가 나온다.

개의 BCS

개의 기본 체형을 나타낸 것이 BCS(Body Condition Score)이다. BCS3의 이상적인 체형을 목표로 한다. 지나치게 마르거나 뚱뚱하면 질병에 걸릴 확률이 높다. 단 특수한 견종은 표준에 준해서 참고한다.

BCS1 마른 체형		위나 옆에서 본 경우 늑골, 등골, 대퇴골이 훌쭉하여 눈으로도 확인이 가능하다. 허리는 상당히 잘록하고 만지면 뼈가 만져진다.
BCS2 약간 마른 체형		위에서 보면 살짝 허리가 잘록하고 만지면 늑골이 확실히 만져진다. 옆에서 보면 배가 쏙 들어가 훌쭉하다.
BCS3 이상적		겉으로는 늑골이 보이지 않지만, 만지면 확인할 수 있다. 옆에서 보면 배는 완만하게 들어가 있고 겨드랑이 부근에 주름이 생긴다.
BCS4 약간 비만		등에 지방이 살짝 붙어 있지만 늑골이 만져지기는 한다. 허리의 잘록함이 적고 옆에서 보면 겨드랑이 부근에 지방이 붙어 있다.
BCS5 비만		늑골을 볼 수도, 만질 수도 없다. 옆에서 보면 배가 늘어져 있다. 겨드랑이의 주름이 늘어져 걸으면 출렁거린다.

예방과 케어 2
개 특유의 질병을 예방하기 위해서는?

백신은 1년에 한 번 단골 병원에서

전염병 예방 혼합 백신은 강아지 때 2회, 다음 해부터는 매년 1회 맞힌다. 원칙적으로 백신은 단골 동물병원에서 접종한다. 정보 공유가 가능하므로 입원할 경우에도 수속이 원활하게 진행되고, 건강 상태나 알레르기 등도 파악하고 있기 때문에 안심!

혼합 백신 외에 연 1회의 광견병 백신도 단골 병원에서 상담한다. 광견병 예방은 법률로 정한 견주의 책무이다.

필라리아(사상충) 예방약은 원칙적으로 검사가 필요

필라리아 예방약은 모기가 발생하는 5월 무렵부터 11, 12월까지 먹게 하고, 다음 해는 혈액 검사를 하고 나서 처방받는다. 하지만 모기가 많은 지역에서 매년 예방약을 먹여 감염의 우려가 적으면 혈액 검사는 생략해도 된다는 소견도 있다.(계약서가 필요한 예도 있다)

혹시 잊고 약을 먹지 않아 필라리아에 감염된 경우, 검사를 하지 않고 약을 먹이면 쇼크 증상이 일어날 수 있다.

5종 혼합 백신이란?

일반적으로 가장 많이 접종하는 백신은 5종 혼합 백신이다. 개가 잘 걸리는 감염병을 대부분 서포트 하고 있고 개에게도 부담이 적다. 비용은 10만 원 전후. 동물병원에 따라서는 6~9종을 권하는 곳도 있다.

 **내역**: 디스템퍼(홍역) 바이러스/아데노(인두결막염) 바이러스1형/아데노바이러스2형/개 파라인플루엔자(켄넬코프: 전염성 기관지염) 바이러스/파보(장염) 바이러스

예방과 케어 3
걷지 못하게 되었다면?

추간판 헤르니아나 사고로 하반신 불수가 되면 휠체어나 보조 장구가 필요하다. 둘다 몸에 잘 맞지 않으면 피부 손상이나 앞다리에 부담을 줄 수 있다. 동물병원 상담 후, 업체를 소개받아 제작한다. 또 다리를 질질 끌며 걸으면 무릎이 지저분해지고 상처가 생기기 쉬우니, 자주 체크하여 청결하게 유지시켜 준다.

오더메이드 휠체어는 소형견용 30만 원 전후, 중대형견용 60~90만 원 전후 천으로 만들어진 보조장구는 소형견용 20만 원 전후가 평균.(업체에 따라 차이가 있다)

예방과 케어

4 백내장이라고 진단 받았다면?

노견의 경우는 수술하지 않는 선택지도 있습니다.

소중형견은 10살 이상, 대형견은 7세 이상이 되면 눈동자가 하얗게 탁해지는 데 바로 백내장이다. 노견은 활동적이지 않고, 곧 실명되는 건 아니니 수술하지 않는 선택지도 가능하다. 2~3세에 발병하는 약년 백내장은 수술하는 것이 좋다. 단 수술비가 비싸고 리스크도 있으므로 안과의 수의사와 자세하게 상담한다.

개의 눈이 보이지 않을 때는 가구 배치 등을 바꾸지 말자. 익숙하지 않으면 부딪쳐 다칠 수 있다.

눈동자가 탁해진 것 같으면 수의사와 상담한다. 연령이나 라이프스타일에 맞는 치료방침을 세운다.

예방과 케어

5 눈이 보이지 않게 되었다면?

가구 배치나 산책 코스 바꾸지 말고 평상시와 다름없이 생활하도록

개는 평소 시각에 그다지 의존하지 않고 생활할 수 있는 동물이다. 시력을 잃었다 하더라도 손상은 중대하지 않으므로 당황하지 않아도 된다. 단 시력이 쇠퇴하면 가구 배치를 바꾸거나 산책 코스를 바꾸지 않는다. 또 단차를 줄이는 등의 배려가 필요하다.

예방과 케어

6 귀가 들리지 않게 되었다면?

갑작스런 움직임은 피하고 천천히 접하도록

귀가 들리지 않으면 주위의 움직임이 파악되지 않아 작은 일에도 놀라게 된다. 가까이 다가갈 때는 일부러 발소리를 내어 진동으로 '그쪽으로 갈께'라고 신호를 보내고, 손을 코끝에 얹어 냄새를 확인시킨다. 갑자기 만지면 놀라서 무는 일도 있다.

귀가 들리지 않으면 만지기 전에 바닥을 두드려 진동으로 존재를 알리고 나서 만진다.

예방과 케어

7 견종 특유의 질병을 예방하기 위해서는?

어린 강아지는 신뢰할 수 있는 사육자에게서 구입한다

견종에게는 각각 유전병이라고 할 질환이 잠재한다. 그 인자를 가지고 있으면 발병 확률이 높으므로 예방하기가 매우 곤란하다. 예방책으로는 유전병 인자를 제거하고 교배시키는 양심적인 사육자로부터 직접 새끼를 양도받는 것이 좋다. 입소문, 소개 등으로 잘 찾아보자.

견종별로 주의해야 하는 질병 일람표

닥스훈트 (카니헨 미니어처 스탠더드)	추간판 헤르니아 / 면역 이상
치와와	수두증 / 관절 / 기관 허탈
푸들 (토이 미니어처 미디엄 스탠더드)	관절 / 피부질환
시바견	피부병 / 망막 위축
요크셔테리어	관절 / 슬개골의 탈구
포메라니안	관절 / 수두증
미니어처 슈나우저	면역 이상 / 관절 / 피부질환
몰티즈	심장질환 / 관절
시츄	피부질환 / 각막 외상
파피용	백내장 / 난산
골든 리트리버	백내장 / 피부질환
프렌치 불독	척추형성 이상 / 난산
잭 러셀 테리어	피부질환 / 눈의 질병
레브라도 리트리버	백내장 / 피부질환
웰시 코기 팸브룩	추간판 헤르니아 / 비만에 의한 내장질환
미니어처 핀셔	눈의 질병 / 심질환
카발리어 킹 찰스 스패니얼	백내장 / 관절
퍼그	피부질환 / 각막 외상 / 관절
비글	비만 / 백내장 / 피부질환
페키니즈	눈의 질병 / 호흡기질환 / 관절
보더 콜리	피부질환 / 눈의 질병 / 관절
버니즈 마운틴 도그	관절 / 눈의 질병
이탈리안 그레이하운드	골절 / 관절
셔틀랜드 십독	외이염 / 피부질환 / 관절

예방과 케어 8
암으로 판단되면?
차분하게 치료방침을 세운다

암에는 다양한 종류가 있고 진행속도도 각기 다르다. 절망하지 말고 단골 병원과 치료방침을 정하자. 치료 중 암 치료법을 연구하는 대학병원을 소개해주기도 한다. 노견의 여생이 얼마 남지 않았다면 약으로 고통을 줄이거나, 수술로 통증을 없애는 것도 한 방법이다.

수술, 항암제, 방사능 치료 등 다양한 치료법이 있다. 어떤 방법을 선택할 지는 견주가 결정.

안락사는 처치 자체의 고통은 전혀 없지만, 인위적으로 생명을 끊는 판단에 대해서는 견주와 수의사가 충분히 의논하여 결정해야 한다.

예방과 케어 9
노견이 되었다면?
반년~1년에 한 번 건강진단을 받는다

소중형견은 10세, 대형견은 7세를 넘으면 노견이다. 건강해 보여도 1년에 한 번은 건강진단을 받도록 하는데, 가능하면 반년마다 받는 것이 좋다. 체력도 쇠약해지니, 산책이나 운동도 무리하게 시키지 않는다. 단차가 있으면 쉽게 넘어지므로 발밑도 주의한다.

건강진단에는 문진이나 촉진 외 혈액검사도 있다. 암을 특히 염려하는 경우, 종양 전문 외주 검사도 있다. 비용은 10만 원부터.

예방과 케어 10
사람을 잘 못 알아보면?
증상에 맞추어 마지막까지 대처하길

치매는 오래 살았다는 증거. 그만큼 애견을 사랑했다고 생각하자. 대소변을 못 가릴 때는 기저귀를 채워 대처하고, 배회하는 개는 꼭 껴안아 주면 낫는 경우도 있다. 일반적으로 치매에 걸리면 타고난 성격이 강하게 나타나는 것 같다.

캐나다의 K9 Kinship 공인 트레이너
스자키 다이가 알려주는

흔히 있는 난처한 행동 Q&A

개는 왜 어디서나 난처한 행동을 하는 걸까요?
개도 사람도 서로 스트레스 안 받고 해결하는 방법을
개의 개성을 중시하는 캐나다의 K9 Kinship 공인 도그 트레이너
스자키 다이 씨가 자세하게 알려드립니다.

Q1 사람을 무는 버릇이 있어요

A 개의 연령에 따라서 적절하게 대응해요

영구치가 다 나온 시기의 강아지는 이빨이 근질근질해서 무는 경우가 많지요. 껌이나 장난감 등 물어도 되는 것을 주고 함께 놀아주세요. 성견은 물린 주인이 허둥대는 모습을 보고 좋아하는 데, 방치하면 교상사고로 이어질 수 있으니 전문가와 상담해 고치도록 하세요.

어린 강아지의 경우
어린 강아지는 물고 놀 수 있는 장난감을 주고 잘 관찰한다. 물렸을 때 허둥대면 개는 재미있다고 생각해 무는 버릇이 고쳐지지 않는다.

성견의 경우
성견은 만에 하나 사람을 물면 살처분 될 우려도 있다. 개를 위해서라도 전문가에게 상담을 받아 빨리 고치도록 한다.

내꺼야! 뺏지마!

Q2 물건을 물면 놓지 않아요

A 낮을 때 꺼내고 칭찬해줍니다

개는 골격 상, 한번 문 물건을 절대 놓지 않게 되어 있습니다. 무리하게 빼내려 하면 점점 흥분해 놓지 않으므로 일단 뱉었다 고쳐 무는 순간을 기다립니다. 떨어뜨리거나 입을 열면 얼른 잡고 '놔!' 하고 말하고, 놓으면 '잘했어!' 하고 칭찬하면서 간식을 주세요. 여러 번 반복하는 사이에 개는 '놔!' 하면 놓게 됩니다.

개의 골격

입이 안쪽으로 깊으므로 한번 물은 것은 점점 안쪽으로 들어가는 골격으로 되어 있다.

Q3 아무 때나 짖어서 난처해요

A 반응하지 말고 무시하세요

짖을 때는 반응하지 않는 것이 기본이지요. 일일이 반응하면 짖는 버릇을 고칠 수 없어요. 멈출 때까지 완전히 무시하세요. 스트레스를 받아 짖는 개는 운동량을 늘려 지치게 하면 차분해지기도 합니다. 사냥견종은 특히 운동 부족으로 짖는 버릇이 있기 때문에 스트레스가 쌓이지 않도록 하세요. 짖기를 멈추지 않으면 개의 주장이 매우 강하다는 것이므로 전문가의 상담을 받아보세요.

테리어종, 사냥견종, 목양견종은 본래 짖는 것이 일이다. 도시에서 생활하기 위해서는 전문가와 상담하면서 주위와 더불어 살 수 있도록 한다.

절정기의 암컷 냄새는 거세하지 않은 수컷을 강하게 흥분시킨다. 주택가에서 피임하지 않은 암컷을 키울 때는 피임 수술도 고려해보자.

Q4 마운팅 버릇을 어쩌면 좋을까요?

사람 다리에 대고 마운팅 하면 '이 녀석!' '안 돼!' 하고 따끔하게 혼내며 떼어놓습니다. 대신 인형에게 마운팅 할 때는 허용해주세요. 특히 수컷은 본능적인 행동으로 스트레스 해소도 됩니다(기질 강한 암컷이 하는 수도 있음). '멋진데~' 하고 칭찬해주면 어느새 허용된 대상물만을 상대로 하고 사람에게 올라타는 일은 없어집니다.

거세·피임 수술의 올바른 지식

번식을 원치 않는다면 수컷, 암컷 모두 거세·피임 수술을 하는 것이 일반적이다. 암컷의 경우는 첫 생리(발정)가 보이기 전에 수술하면 난소, 자궁의 질병을 완전히 방지할 수 있다. 수컷은 수술한 시점에서 정신적인 성장이 멈추므로, 성격을 파악하고 시기를 조정하는 것이 이상적이다.

거세 수술

장점
- 성격이 온순해진다
- 마킹을 하지 않게 된다
- 고환 질병이 방지된다
- 싸움이 줄어든다

단점
- 살이 잘 찐다
- 성격이나 습성이 안 변할 수도 있다.

피임 수술

장점
- 난소, 자궁의 질병을 방지한다
- 원치 않는 임신을 막는다
- 생리로 방을 어지럽히는 일이 없어진다.

단점
- 살이 잘 찐다
- 수컷보다 수술 시간이 길다.

개는 주인의 반응을 기다린다. 심심한 빈집 지키기 후에는 설령 혼났다 하더라도 상대해주는 것만으로도 기분이 좋아진다.

Q5 빈집 지킬 때 집을 엉망으로 만들어요

A 빈집 지키는 부담감을 덜어 주세요

지키는데 부담감을 가질 수 있습니다. 룰을 다시 정하거나 애견 돌봄 서비스를 검토해보세요. 27쪽에 소개한 야구중계 등 다양한 방법을 시도해보는 것도 한 방법입니다. 단순히 운동 부족일 수도 있으니 산책 등 운동을 시키면 좋겠죠.

Q6 가방이나 쓰레기통을 뒤집니다

A 일단 뒤지지 못하도록 주의를 줍니다

개는 구멍을 보면 얼굴을 넣고 싶어 하는 본능이 있습니다. 그러므로 쓰레기통이나 가방은 뚜껑을 덮어두거나, 넘어지지 않도록 바닥에 고정하는 등 대책을 세우세요. 그 후에도 쓰레기통을 엎으면 개를 다른 곳으로 옮기고 담담하게 정리합니다. 소리를 지르고 치우게 되면 개는 재미있다고 생각하므로 역효과입니다.

개는 일단 구멍을 보면 얼굴을 넣으려고 한다. 이것은 구멍 속에 숨어 있는 먹이를 잡았던 사냥 동물로서의 본능이기 때문에 전혀 못하게 할 수는 없다.

Q7 산책 중에 줄을 끌어당깁니다

A 잡아당기지 말고 일단 멈춥니다

개에게 끌려갈 때는 잡아당기지 말고 일단 멈추세요. 주인이 멈추면 개도 같이 서게 됩니다. 잘 멈추면 칭찬해주고 다시 걷습니다. 끌어당기면 다시 한번 반복합니다. 포상으로 간식을 주어도 좋겠죠. 서서히 '끌어당기는 것보다는 주인 옆에 있는 게 낫구나' 하고 인지하게 됩니다.

한번 서지 않으면 계속해서 끌려간다. 위험하기도 하고 보기에도 좋지 않다.

Q8 산책 중 움직이지 않으면 목줄을 당겨도 되나요?

A  개가 움직였을 때 유도하세요

병이나 부상으로 움직이지 못하는 경우는 바로 안고 집으로 가세요. 멋대로 움직이지 않을 때는 개와 지구력 겨루기 태세죠! 개가 움직이면 기회를 놓치지 말고 주인이 바라는 방향으로 유도하고, 잘했으면 칭찬해줍니다. 병원 등 트라우마 때문에 싫어하는 장소에서 꼼짝하지 않을 수도 있습니다. 다른 사람에게 민폐가 되니 이런 경우는 안고 가는 것이 빠르겠죠.

서로 잡아당기면 고집을 부리게 되므로 목줄을 강하게 당기는 것은 피한다.

Q9 놀고 싶을 때 사람에게 달려듭니다

A  일단 "앉아!" "기다려!"를 하고 놀아주세요

차분하게 기다리면 더 재미있게 놀 수 있다는 것을 학습하면 문제는 해결된다.

달려든 상태에서 놀아주면 언제까지고 달려드는 버릇이 고쳐지지 않습니다. 개가 달려들면 "앉아!" "기다려!"를 시킵니다. 잘 앉으면 "잘했어!" 하고 마음껏 놀아줍니다. '앉아서 기다리면 놀아준다'는 것을 학습하면 놀고 싶을 때는 앉아서 기다리게 됩니다.

Q10 바닥에 떨어진 음식 못 먹게 하려면?

A  견주의 행동으로 자제를 촉구한다

주인이 허둥대며 먹은 것을 끄집어내면 주목받고 있다고 생각해 고쳐지지 않습니다. 또 음식물을 뺏겼다고 생각하고 '뺏기기 전에 삼키자'라고 생각하고 맙니다. 무리하게 끄집어내면 더 심해질 수도 있으니, 입에 무언가를 넣었다면 뱉었다 고쳐무는 순간을 기다려 뱉게 하고, 잘했으면 칭찬해주십시오.

"뱉어!" 하기도 전에 삼켜버리는 경우가 많다. 몸에 나쁜 것을 먹기 전에 고쳐준다.

Q11 주인이 먹고 있는 것을 달라고 조릅니다

A 귀엽다고 주어서는 절대 안 됩니다

아무리 졸라도 무시하세요. '테이블 위의 음식은 아무리 졸라도 안 준다'는 것을 알게 해주십시오. 개에게 한 번이라도 준 적이 있기 때문에 기다리고 있는 것입니다. 건강을 위해서라도 주인이 노력해야 합니다.

Dog Food와 사람이 먹는 음식의 차이

사람이 먹는 음식물에는 염분이나 당분, 유분이 너무 많다. 계속 먹으면 비만, 신장병, 간장병의 원인이 된다. 또 파 종류나 초콜릿, 자일리톨 등 개에게 유해한 것이 포함돼 있는 것도 많다.

예쁘다고 사람이 먹는 음식을 주어서는 안된다. 애견이 장수하길 바란다면 꾹 참아야 한다.

성견의 경우 정해진 장소에 대소변을 못 하는 것이 아니라, 하지 않는 것이다. 일부러 싸는 경우가 대부분!

Q12 배변 실수를 했어요

배변 실수는 애견의 연령에 따라 그 이유가 다릅니다. 생후 5~6개월은 단순히 배변 장소를 몰라서 그랬을 수도 있으므로, 훈련을 시키면 늦어도 1살까지는 가능하게 됩니다. 성견의 경우는 대소변을 통해서 무언가를 호소하는 경우가 대부분입니다. 그 점을 이해하는 것이 해결의 첫걸음입니다.

배변 실패 원인

어린 강아지의 경우
- 배변 장소를 알지 못해서
- 배변 장소가 멀어서 때를 못 맞춘다
- 너무 흥분한 나머지

성견의 경우
- 여기저기 대소변을 싼다
- 주인에게 호소하고 싶은 것이 있다
- 마킹하고 말았다
- 배변 장소가 마음에 안 든다
- 빈집을 지키게 한 것에 대한 보복

Q13 흥분하면 오줌을 쌉니다

A 흥분을 가라앉히기 위해 앉아서 한숨 돌리게 합니다

어린 강아지나 암컷에게 많은 행동입니다. '당신이 너무 좋아서 미치겠어요!' 하는 마음의 표현이므로 야단치는 것은 좀 가엽죠! 흥분하며 다가오면 상대하기 전에 앉힌 후, 진정시켜주십시오. 귀가 시에 흥분해서 소변을 싸는 아이는 배변 장소에서 인사를 하는 방법도 있습니다.

흥분하면 오줌을 싸는 개는 그만큼 복종심이 강한 개라고 할 수 있다. 그래서 야단치면 풀이 죽기도 한다.

Q14 변을 먹을 때가 있어요

식변의 원인은 확실하게 판명되어 있지 않다. 감염증의 우려도 있으므로 못하게 해야 한다.

A 스트레스가 쌓였거나 영양에 문제가 있을 수도 있습니다

개가 변을 먹는 것을 식변 행동이라 합니다. 어린 강아지는 변을 장난감 대신으로 생각하고 먹기도 합니다. 배변을 하면 빨리 치우고 좋아하는 장난감을 주는데, 이때 허둥대면 안 됩니다. 사람이 허둥대는 모습을 보면 개는 재미있다고 인지하고 더욱 강하게 변에 흥미를 가집니다. 사료를 고단백 푸드로 바꾸면 낫는 경우도 있습니다.

Q15 보면 으르렁거려요

A 주인을 협박하고 있는 것이면 겁먹지 말고 협박으로 대응하세요

사춘기를 맞은 개가 주인에게 으르렁거리기 시작하면, 주인을 테스트 하고 있는 것입니다. 그냥 놔두면 손 쓸 수 없는 문제아가 돼버립니다. 으르렁거리면 겁먹지 말고 같은 수준으로 겁을 주어 대응합니다. 대형견은 전문가의 지도하에 교정하는 것이 안전합니다.

학대 받았던 보호견은 공포심에서 으르렁거리는 경우도 있다. 그런 때는 매일 부드럽게 케어해주는 것이 중요하다.

모리스 반려동물 서적 시리즈 VOL.02
내 강아지 장수하는 비결

내 반려견이 오래 살기 위해 기본적으로 알아두어야 할 점 및 질병을 암시하는 신호 등을 알기 쉽게 소개한 책으로 지금 반려견을 키우고 계시는 분들에게 추천합니다.

내 강아지 장수하는 비결
위험한 Dog Food란? 질병을 암시하는 신호?
오래 함께 하기 위한 기본 사육법

식사·부상·질병 등 일상생활에서
반려견의 건강을 지키는 지식 100
모리스

정가 : 5,900원

Contents 미리보기

- ♥ 가장 먼저 알아두어야 할 기초지식
- ♥ 장수견의 반려인을 전격 인터뷰!
- ♥ 반려견이 장수하는 비결은?
- ♥ 반려견을 장수시키는 힌트집
- ♥ 일상생활에서 신경 써야 할 것
- ♥ 조금 이상한데? 알아두어야 할 이상 신호
- ♥ 노령견이 되었다면 신경 써야 할 것
- ♥ 좋은 주치의 찾기와 비용 이야기
- ♥ 좋은 주치의 고르는 법
- ♥ 백신, 치료비, 수술비, 입원비 등 의료비 표준 일람표
- ♥ 반려견이 건강해지는 증상별 효과 있는 마사지
- ♥ [최신] 반려견과의 이별 정보 장례는? 장묘는?

모리스
서울 서초구 강남대로 95길 66 TEL : 02-545-2690~1 FAX : 02-545-3564 E-mail : khsa-morris@hanmail.net
노령 반려동물 전문쇼핑몰 Website : oldpet.co.kr

모리스 반려동물 서적 시리즈
VOL. 03

고양이와 더 친해지기

정가 : 5,900원

내 고양이와 함께 있는 것만으로도 행복하지만, 마음이 서로 통한다면 더욱 행복해질 수 있습니다. 이 책에서는 고양이의 몸짓과 언어를 통해서 애묘의 기분을 살피면서 더욱 친해지는 방법을 알려드립니다.

Contents 미리보기

- ♥ Introduction 고양이는 어떤 동물?
- ♥ 고양이와 사람과의 역사
- ♥ 지금이 고양이와 인간에게 가장 행복한 시대
- ♥ 고양이의 사회화 시기는 생후 16주까지
- ♥ 고양이를 입양할 때 유념해야 할 점
- ♥ 다양한 고양이 장난감
- ♥ 고양이는 싫증을 잘 내고 호기심이 많다
- ♥ 고양이를 황홀하게 만드는 애정 가득한 마사지
- ♥ 고양이와 함께 자는 법
- ♥ 말을 알아듣는 고양이로 길들이기
- ♥ 바디 손질도 잊지 말아요
- ♥ 고양이의 습성을 알고 더욱 행복해지는 법
- ♥ 화장실에 집착
- ♥ 마킹
- ♥ Cat Food는 다양하게 먹이기
- ♥ 거세 및 피임의 중요성
- ♥ 한 마리 키우기와 여러 마리 키우기
- ♥ 실내에서 키우는 것이 가장 안전하다
- ♥ 노령 반려묘와의 커뮤니케이션 방법
- ♥ 맺음말 반려묘는 인생의 소중한 파트너

모리스   서울 서초구 강남대로 95길 66 TEL : 02-545-2690~1 FAX : 02-545-3564 E-mail : khsa-morris@hanmail.net
노령 반려동물 전문쇼핑몰 Website : oldpet.co.kr

모리스 반려동물 서적 시리즈 VOL. 04
내 고양이 장수하는 비결

내 고양이를 장수시키기 위해 기본적으로 알아두어야 할 점 및 고양이의 수명과 신체 특징, 사료 선택법, 고양이의 몸짓과 언어로 알아보는 애묘의 마음 등 다채로운 내용으로 구성되어 있는 책으로 고양이를 키우고 계신 분, 앞으로 키우실 분들에게 추천합니다.

정가 : 5,900원

Contents 미리 보기

제1장 고양이 기초지식
얼굴, 몸
고양이의 라이프 스테이지
새끼 고양이/약묘(若猫)
성묘(成猫)
시니어 고양이
요즘 고양이들의 생활
칼럼1 고양이의 잡학

제2장 장수하는 비결
고양이를 장수시키는 식사
식사에 대한 의문
사료와 식사 알아두어야 할 것
고양이에게 GOOD & BAD 음식
스톱! 고양이의 비만
고양이를 장수시키는 생활환경
생활환경 알아두어야 할 것
고양이를 장수시키는 운동
고양이를 만족시키는 놀이법
고양이의 스트레스에 관하여
칼럼2 고양이의 신기한 행동

제3장 손질 테크닉
애묘의 몸 손질하기
몸을 체크하자
각 부위 손질하기
약 먹이는 법을 알아보자
알약 • 캡슐 먹이는 법
물약 먹이는 법 / 안약 넣는 법
알아두어야 할 고양이에게 많은 질병
질병 신호
고양이에게 필요한 예방접종
동물병원 고르기
고양이 언어 • 몸짓 사전
고양이 언어 편
고양이 몸짓 편
알아두어야 할 고양이 사육 5개 조항

모리스
서울 서초구 강남대로 95길 66 TEL : 02-545-2690~1 FAX : 02-545-3564 E-mail : khsa-morris@hanmail.net
노령 반려동물 전문쇼핑몰 Website : oldpet.co.kr

모리스 반려동물 서적 시리즈 VOL. 05
트리머를 위한 베이직 수의학

정가 : 27,000원

트리머가 되어 애견 살롱을 운영하기 위해서는 미용 기술뿐만 아니라 꼼꼼한 위생관리 및 소독, 강아지의 질병에 대한 전반적인 지식을 갖추어야 전문 애견미용사로 성장할 수 있습니다. 애견 미용을 처음 접하는 분들에게 이 책을 추천합니다.

Contents 미리 보기

제1장 애견 트리머와 밀접한 질병
① 피부병
② 귀·눈의 질병
③ 구강·항문주변의 질환
④ 기생충·외부 기생충
⑤ 감염증

제2장 그 밖에 알아두어야 할 질환
① 뼈·근육 관련 질환
② 호흡기·순환기계 질환
③ 소화기계 질환
④ 비뇨기·생식기계 질환
⑤ 내분비계 질환

제3장 애견 트리머의 필수 실용지식

제4장 애견미용실의 위생과 트리밍

제5장 반려동물의 영양학
(칼럼 개의 질병①)
뇌전증(간질)이란
(칼럼 개의 질병②)
수두증이란
개의 백신접종에 관하여
사료 고르는 법, 주는 법
사료의 라벨 보는 법
간식 고르는 법, 주는 법

모리스 서울 서초구 강남대로 95길 66 TEL : 02-545-2690~1 FAX : 02-545-3564 E-mail : khsa-morris@hanmail.net
노령 반려동물 전문쇼핑몰 Website : oldpet.co.kr

모리스 반려동물 서적 시리즈 VOL. 06
트리머를 위한 베이직 테크닉

트리머로서 가장 먼저 익혀야 할 지식과 범용성 높은 트리밍 기법을 한 권에 담은 입문서입니다. 최근의 트렌드와 최신 정보, 독자성이 높은 내용도 소개했습니다. 부교재나 참고서로도 꼭 활용되기를 바랍니다.

정가 : 27,000원

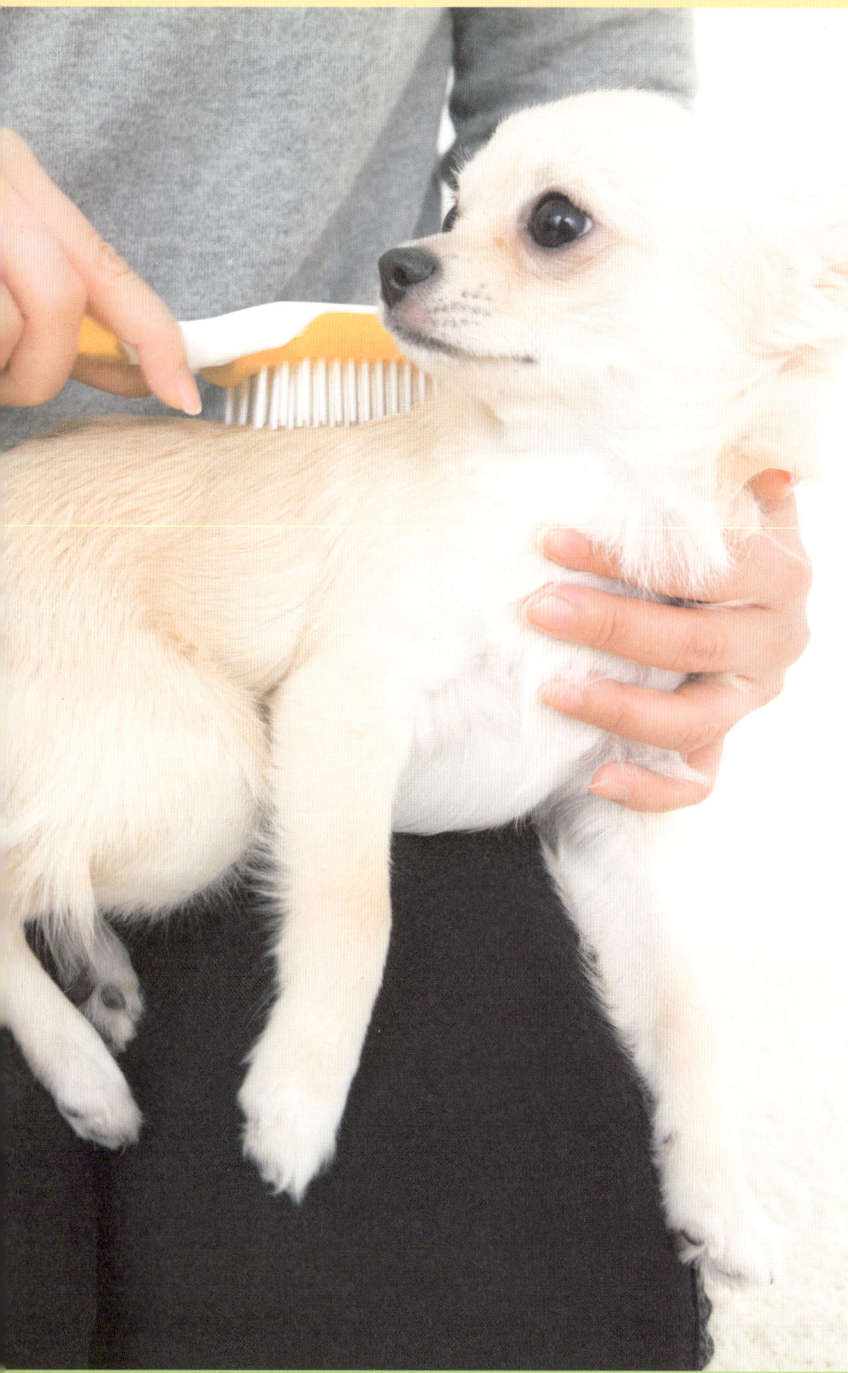

Contents 미리 보기

제1장 그루밍과 환경
트리밍이란 무엇인가
트리밍 룸
트리머의 건강을 위해
[column] 손의 각 부위 명칭

제2장 그루밍 도구
가위
클리퍼(전동이발기)
트리밍 나이프
브러시&코움
기타 그루밍 도구

제3장 견체(犬體)의 기초
개의 몸에 관한 기초기식
개의 피부
개의 피모
눈·발톱·치아의 관리

제4장 개의 보정
개의 보정과 마음가짐
보정·핸들링의 기본

제5장 베이싱
브러싱의 기본
샴핑
드라잉
래핑의 테크닉

제6장 클리핑과 시저링
면과 각 잡는 법
얼굴의 클리핑
발의 클리핑
바디의 클리핑
시저링
브레이슬릿 만들기
[column] 푸들의 쇼클립

제7장 일러스트 해설·견종별 응용
비숑 프리제
아메리칸 코커 스패니얼
미니어처 슈나우저
포메라니안
몰티즈
베들링턴테리어
에어데일테리어
노퍽 테리어
아이리시 테리어
셔틀랜드 쉽독

용어해설

모리스
서울 서초구 강남대로 95길 66 TEL : 02-545-2690~1 FAX : 02-545-3564 E-mail : khsa-morris@hanmail.net
노령 반려동물 전문쇼핑몰 Website : oldpet.co.kr

사랑한다면 이제 Grooming Tab해 주세요

화학 제품인 샴푸제나 비누는 그만

Grooming Tab이 만드는 탄산온천 성분의 중탄산 이온수로 반려견의 피부를 지켜주세요!

반려견의 피부를 지켜주는 가장 좋은 방법은 화학 성분인 샴푸제와 비누를 사용하지 않고 중탄산 이온수로 깨끗하게 목욕시키는 것입니다! Grooming Tab은 수돗물을 중탄산 이온수로 바꾸어 최고급 온천수와 같은 효과를 냅니다. 샴푸제나 비누 없이도 각종 노폐물과 오염물질을 찌꺼기 없이 깨끗하게 제거하므로 반려견의 피부와 모질 관리에 매우 좋습니다. 이제 친환경적인 세정력, 중탄산 이온으로 인한 혈액순환 촉진, 스트레스 해소, 보습 효과, 부드러운 촉감 등을 체험해보세요.

Grooming Tab으로 중탄산 이온수가 만들어지는 과학적 원리

중탄산 이온과 수소 이온, 구연산의 트리플 효과

$$H_2CO_3 \rightarrow H^+ + HCO_3^-, C_6H_8O_7$$

Hot Tab은 중탄산 이온과 수소 이온에 구연산이 결합되어 탁월한 세정효과를 나타냅니다. 특히 구연산이 중탄산 이온의 흡수를 도와 피부를 효과적으로 케어하고, 중탄산 이온수의 다양한 효능을 높여줍니다.

※ 성분 : 탄산수소Na, 구연산, 탄산Na, PEG6000 / 고급 소재로 만든 안심할 수 있는 일본산 제품입니다

10정·30정·100정
Made in Japan

전용 샤워헤드로 편리하게 사용하세요!

Grooming Tab 1정을 전용 샤워헤드 안에 넣고 사용하면 녹기 시작한 고농도 중탄산 이온이 샤워 노즐에서 확실하게 방사됩니다. 투명한 샤워헤드는 방탄유리 소재로 제작되어 웬만한 충격에도 손상이 없고 안전합니다.

냄새 케어 · 모질 케어 · 건강 케어

에프이코스메틱(주)
서울 서초구 강남대로 95길 66 TEL : 02-545-2690~1 FAX : 02-545-3564 E-mail : khsa-morris@hanmail.net
노령 반려동물 전문쇼핑몰 Website : oldpet.co.kr

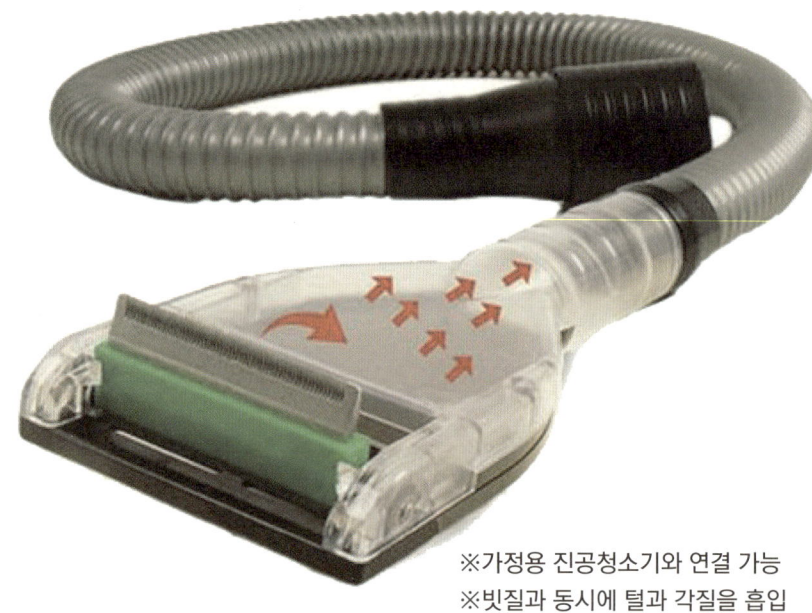

감수

우스키 아라타 (臼杵 新) | 수의사·우스키 동물병원 원장
1974년 사이타마현 출신. 아자부대학 수의학부 수의학과 졸업. 가나가와현 요코하마시의 노다 동물병원 등을 거쳐 사이타마현 사이타마시 사쿠라구의 우스키 동물병원 원장 취임. 동물들의 장수를 위해서는 정기적인 검진이 중요하다는 신조로 날마다 진료에 임한다. 견주와의 커뮤니케이션을 통해서 적절한 치료방법을 제안하고 있다. 저서로『개를 장수시키는 50가지 비결』(SB 크리에이티브)이 있다.

스자키 다이 (須崎 大) | 휴먼 도그 트레이너·DOGSHIP LLC. 대표
메이지대학 이공학부 정밀공학과 졸업 후, 캐나다 밴쿠버의 트레이너 양성학교에 입학. 그 후 Sierra K-9 (현재 K9 Kinship) 캐나다 공인 트레이너로 인가받아 도쿄에「dogship」을 설립. 실무경험과 동물의 행동학과 심리학을 바탕으로 인간과 개, 인간과 인간의 상호관계를 라이프워크로 연구하고 있다. 저서로『활발한 DOG 육성법』(小學館),『쿵쿵 게임』(학습연구사) 등이 있다.

내 강아지 더 똑똑하게 키우기
애견 바보라도 좋다! 육성법 하나로 똑똑하게 키우자

초판1쇄 발행 2017년 11월 20일

펴낸이 정태봉
옮긴이 신명분
펴낸곳 모리스

한국어판 ©모리스 2017. Printed in Seoul, Korea

Aiken ga imayorimotto kashikokunaru sodatekata by Arata Usuki
Copyright ©2015 by Arata Usuki
Original Japanese edition published by Takarajimasha, Inc.
Korean translation rights arranged with Takarajimasha, Inc.
Korean translation rights ©2017 by MORRIS COMPANY

주소 우:06528 서울 서초구 강남대로 95길 66 중원빌딩 1층
전화 02_545_2690~1
팩스 02_545_3564
홈페이지 www.oldpet.co.kr
이메일 khsa-morris@hanmail.net

ISBN 978-89-957845-4-9

* 이 책의 저작권은 저자에게 있으며 무단 복제와 전재는 법으로 금지되어 있습니다.
* 잘못된 책은 바꾸어드립니다.